管理

加 减 乘 除

企业经营领导团队的
9个公式

陈媛 著

李吉 绘

机械工业出版社

CHINA MACHINE PRESS

本书用简单的加减乘除公式阐述了企业经营管理中的9个主题：管理定位、管理情绪、管理效能；选人用人、育才留才、组建团队；业务规划、执行推动、业务复盘。无论你是企业创始人、职业经理人，还是业务专家，相信本书都可以作为你手旁的参考书。

　　本书通过轻松幽默的管理漫画演示，还原主人公管理者陈北北带着她的团队展开业务活动的场景，使用9个便于记忆的管理公式，辅以行动地图，帮助你实现管理知识的落地和行为转化。希望本书能够伴你在管理与领导之路上不断转身，升维思考，从自身和环境的需求出发，实际解决企业经营与管理中的难题。

图书在版编目（CIP）数据

管理加减乘除：企业经营领导团队的 9 个公式 / 陈媛著；李吉绘 . —北京：机械工业出版社，2024.5

ISBN 978-7-111-75402-2

Ⅰ.①管… Ⅱ.①陈… ②李… Ⅲ.①企业经营管理 Ⅳ.① F272.3

中国国家版本馆 CIP 数据核字（2024）第 058077 号

机械工业出版社（北京市百万庄大街 22 号　邮政编码 100037）

策划编辑：朱鹤楼　　　　　　　　　　责任编辑：朱鹤楼　蔡欣欣
责任校对：高凯月　丁梦卓　闫　焱　　责任印制：郜　敏
三河市航远印刷有限公司印刷
2024 年 5 月第 1 版第 1 次印刷
170mm×230mm · 13.5 印张 · 1 插页 · 160 千字
标准书号：ISBN 978-7-111-75402-2
定价：69.00 元

电话服务　　　　　　　网络服务

客服电话：010-88361066　机　工　官　网：www.cmpbook.com
　　　　　010-88379833　机　工　官　博：weibo.com/cmp1952
　　　　　010-68326294　金　　书　　网：www.golden-book.com
封底无防伪标均为盗版　机工教育服务网：www.cmpedu.com

2024 年初受华为公司创始人任正非的邀请，时隔 27 年"人大六君子"与华为总裁任正非欢聚在华为总部，见证了华为的高速发展。这些年我也带着团队一直在研究企业关心的战略命题、经营难题与管理困境，以系统解决之道帮助企业转型升级并实现成长，这是非常有意义和价值的工作。很高兴看到陈媛这本书对中国企业经营、团队领导的探索，希望能给企业家、管理者们带来新的启发与思考！

——中国人民大学教授、华夏基石管理咨询集团董事长 彭剑锋

我经常透过数据看背后的商业逻辑和社会行为，财务数据是一种解读企业运营状况的语言，精妙而有趣。本书作者陈媛通过正反两个方向，讲述了管理的正向积极意识与行为，以及减少负向消极的管理意识与行为的方法，并将其应用到企业经营方式、领导团队的主题上，也是非常有意义的创新探索与研究。作者通过在线课程、图书、图解漫画向管理者们传递管理知识与经验，与读者们一起分享成长，找到育人的价值所在！

——清华大学经济管理学院教授 肖星

我也喜欢把抽象复杂的事情用清晰明了的公式来表达。关于企业增长和个人增长，我设计过这样的四要素：增长＝自身＋结构×时代＋意外。这和本书的形式非常相似，可见都是以学员与读者为中心的表达方式。理解这个公式对我们理解今天这个环境至关重要，当不同变量起作用的时候，随之带来的结果与我们的感受也会发生巨大的变化。哪一个变量是主导因素，哪一个变量是指数级增长或倍数级增长的影响因素，都值得我们在实际场景当中去观察与体会。

——润米咨询创始人 刘润

陈媛是非常专业的领导力实践者，给上万名管理者做过管理咨询工作。这本书讲述的明确而清晰的愿景可以为团队指明方向、激发员工的积极性和创造力，助力组织走向更加辉煌的未来。而制定战略则是实现愿景的关键步骤，它可以帮助组织在竞争激烈的市场中脱颖而出。我相信每一位读者都能从这本书中受益匪浅。无论是对新经理人还是资深经理人来说，它都是不可多得的参考资料。

——腾讯云行业生态总经理 曹言

这本书读来很有趣味，作者既把管理基本功按实际的应用场景分层展开，又引入二次元漫画，让读者跟随几位主人公，真实地进入管理过程，在"知"和"行"之间搭了一个梯子。为方便读者记忆，作者又进一步总结出9个公式，用加减乘除的数学结构，列举正负向的管理举措，把企业经营逻辑、管理逻辑说清楚、讲明白。相信陈媛老师的这本新书，既能帮管理者们快速上手管理技能，又能让管理者们体验到阅读的快乐，强化对核心管理要点的记忆。相信各位读者都能够通过阅读本书而有所收获！

——快手集团人才发展高级总监 刘晓智

陈老师通过9个精心设计的管理公式，涵盖了从自我管理到团队建设、从业务规划到执行推动的各个方面，旨在帮助读者在管理实践中实现质的飞跃。这本书不仅是理论的传授，更是实践的指南，它教会我们如何在复杂的商业世界中，通过"加减乘除"的巧妙运用，平衡决策、激发潜能、培养团队、实现目标。阅读书中的每一章都像是一次心灵的对话，引导我们深入反思，同时也激发我们对团队的深刻理解和对业务的精准把握。如果你渴望在管理的道路上不断进步，渴望与团队共同成长，那么这本书将是你不可或缺的良师益友。结合陈老师的第一本书籍《上任第一年手记》，非常惊叹陈老师的创新能力，一改传统管理书籍的形式，展示出作者以读者为中心、多元并进、持续创新的精神。

——小红书人才发展负责人 吴金辰

　　管理是艺术也是科学，管理是数学题也是语文题，管理是人文学科也是理工学科，管理是理论也是实践。在探索管理的道路上，作为上下游合作伙伴，非常荣幸能和陈媛老师在小米配合了将近 6 年的时间。在职场中，陈老师非常善于协作，使命必达，和她的团队配合高效而有产出。在小米组织管理的实践中，陈老师给了我们在领导力专业上很多有力的支撑。小米有着高度复杂的业务，对管理者有极高的要求，陈老师将这些为组织、为管理者赋能的经验与实践凝练成各个易懂且落地的管理场景，这些都是管理者经常遇到的管理难题与挑战，希望大家通过这本书所求皆有所答。

——小米集团人力资源部总监 张翔

　　陈老师是最早一批入驻三节课讲"新管理系列"的领导力老师中的一员，她的课程学习时长排名与评分每年在三节课都名列前茅。过去十几年一直在世界 500 强互联网大厂工作的经历，也让陈老师在图书撰写、领导力课程设计上既有理论又有实践，既有宏观视野又有落地执行的具体方法。期待读者们开卷阅读这本书，同时也能够学习陈老师的在线课程。

——三节课创始人兼 CEO 后显慧

　　陈老师是一位经验丰富的企业人力资源管理专家，在企业人效经营、人才选拔、干部培养等方面有着深厚的造诣。在我筹备全民畅读"研读社"的过程中，陈老师还协助设计了职场人整体成长培养方案。希望读者们能够通过阅读这本书向陈老师学习，也期待陈老师在全民畅读书店与读者们进行面对面的互动交流。

——全民畅读创始人兼 CEO 赵杰

陈北北

公司中层管理者，有一定管理经验，上传下达的中流砥柱，热情好学，精力旺盛，虽然经常遇到管理问题，但是她总能使问题迎刃而解。

李大为

管理经验丰富的部门总经理，领导有方，在公司里深得人心。

张小团

公司里的新生代员工，有时热情大方，有时佛系冷漠，有时能睿智地洞察一切。

阿度

踏实肯干的骨干员工，办事靠谱有条理，但是有的时候缺乏工作热情。

老滴

资深老员工，公司里的专家型人才，但是固执的性格让他经常和同事产生冲突。

小易

刚入职的新员工，职场里的迷茫小白，经常需要其他同事的帮助。

Foreword

企业经营者或者职业经理人总是在问：什么是管理？什么是领导力？有没有一本书可以用便于理解、高度概括的语言讲清楚既是科学又是艺术的管理与领导力？继《上任第一年手记》之后，我又写了这本《管理加减乘除：企业经营领导团队的9个公式》。我选取了领导力永恒经典的自我管理、团队管理、业务管理3个维度，对应9个常用的管理主题：管理定位、管理情绪、管理效能；选人用人、育才留才、组建团队；业务规划、执行推动、业务复盘。同时，我给加减乘除赋予了相应的意义：加法与乘法是积极正向的管理意识与行为，程度由轻到重；减法与除法是消极负向的管理意识与行为，程度由轻到重。本书作为《上任第一年手记》的进阶版，针对有一定经验的管理者。我们的主人公陈北北也从新任管理者成长为公司的中坚力量，从管理普通员工迈向管理管理者。她依旧带领自己的原班人马老滴、阿度、张小团、小易，一路披荆斩棘。她仍然经常遇到各种各样的管理挑战与难题，但是作为管理者，她始终拥有乘风破浪、一往无前的重要品质。她乐观积极地面对生活与工作，付出精力与时间，真诚对待下属，孜孜不倦地辅导、引领团队。现代职场中的不同部门、不同定位、不同利益、不同角色都需要管理者洞悉事物的本质与底层逻辑，成熟冷静地面对挑战，能够换位思考，提供情绪价值与能力价值，达到事成人成的理想状态。本书既是一本管理意识拉伸书，又是一本管理工具实操手册。唤起管理意识之后，书中提供了丰富的落地工具、表格、话术、行动地图。结构化的呈现形式也有助于大家检索在9个主题下管理者应该做的事情（加法与乘法）和绝对不要做的事情（减法与除法）各是什么。

管理的路上是寂寞的，也是充满成就感的，一个人难以走得很远，只有团队携手共进才能走得更远。希望本书能为你在企业经营领导团队方面指出明晰的方向，点亮引路的光！

陈　媛

2023年　北京大学

Contents

目 录

理 业 务

管自己

第 1 章　管理定位的加减乘除

现代管理学之父德鲁克曾经说过："管理者失败的最常见的原因，是不能或者不愿按新职位的要求做出改变。管理者履新之后，如果只是重复在旧职上做得很好的事，几乎必定失败。"

这句话道出了在职位发生转变时重新做好定位的重要性。无论是从普通员工晋升为基层管理人员，还是从基层管理人员晋升为中高层管理人员，位置的改变必然带来角色、职责、人际、团队的改变。管理者必须应对这些改变，对自己的新角色有一个清晰的认知和明确的目标定位，这样才能以此为基础，促进管理能力的提升，逐渐成为卓越的管理者。

在定位过程中，我们说的"加法"，需要管理者学会人事统合。另外，管理者还要"减去"自我盲区，虚心开放地接受他人反馈，正确认识自我，打造开放、包容的团队文化。同时，团队的管理者只有管好自己，才能让团队成员更加信服，所以要以身作则，产生让管理效果倍增的"乘法"作用。最后，管理者要"除去"个人主义，提升自己的格局，变利己为利他，看到员工的需要、看到团队的需要、看到企业的需要、看到社会的需要，这样才能激发出长期的使命感与价值感。

本章 公式

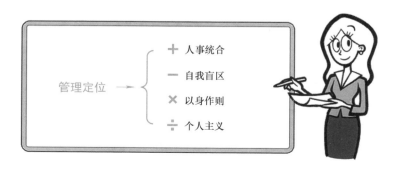

管理定位
+ 人事统合
− 自我盲区
× 以身作则
÷ 个人主义

1.1　加法：＋人事统合，双管齐下

在定位阶段，管理者需要明确这样几个问题：我是谁？我在哪？我负责什么？我贡献什么？管理者首先要有人事统合的双维度视角，既要关注事，又要关注人。具体来说，从一名优秀的员工到一名卓越的管理者，在这之间需要转变什么和跨越什么？不同层级的管理者要履行的职责、承担的责任、付诸的关键行动有什么不同？这些问题的答案，我们可以从陈北北晋升前后的工作笔记中窥探一二。

1. 业务专家与管理者的差异

（1）业务专家陈北北的一天

1）参加项目 A 的讨论，了解具体目标，预估工作量及难度。

2）完成项目 B 的谈判方案，并在沟通会上介绍相关情况。

3）进行项目 B 的谈判策略研究。

4）拜访老客户周总，并挖掘新的合作点。

5）指导新同事。

6）提交本月差旅费报销材料。

（2）管理者陈北北的一天

1）准备上个月销售部门工作总结汇报材料。

2）与项目 A 团队沟通具体的实施策略，并确定具体目标。

3）与合作部门沟通协调，借调推进项目 A 所需要的资源。

4）参与项目 B 的谈判方案设计讨论，对某些事项拍板。

5）解决项目 C 预算第一阶段超支、新费用申请被拒的问题。

6）参与新项目 D 的前期调研，协调人员、预算与合作单位。

7）完成项目 D 计划书，并提交给老板。

8）面试新人。

9）提交实习生小钱的试用期报告。

10）和员工小易一对一沟通，解决他在客户沟通中的态度问题。

11）关键员工阿度最近心情不好，需要激励一下。

12）准备向团队成员传达、沟通公司管理政策的变化。

13）参加 HR 薪酬制度沟通会。

从笔记中，我们能看出陈北北晋升前后的工作内容发生了极大的变化。作为业务专家的陈北北更多地关注事务，而作为管理者的陈北北不仅要关注事还要关注人。在她没有成为管理者的时候，只需要想办法完成自己的工作任务，提高个人业绩即可。然而一旦她晋升到管理岗位，需要的能力、需要做的事就完全不同了。如果管理者还只顾埋头做自己的事，专注于提高自己的业绩，甚至觉得下属"反应慢、能力不行"然后亲自上阵，不仅会让下属失去成长的机会，还会导致自己成为"救火队长"，陷入忙而无获的状态。

2. 做好工作设计和任务布置

我们在日常工作中常听到这样的解释："我把工作交代给×××了，对方回复的是'收到'，但是却没落实下去。"你再细问其原因："为什么没有落实下去，没拿出结果来呢？"得到的答复可能是："我其实就是太轻信我小组的×××，才导致工作没完成，他真是太不靠谱啦！"

在实际工作中，管理者需要依靠团队把规划业务、执行任务、收尾任务变成部门想实现的目标，以及部门可以去实现的业务结果。这中间有一个连接的桥梁就是布置任务，因为无论是部门规划、制订的流程，还是需要增加的岗位人力，其实都需要团队中不同的成员分工合作才能完成。能否公平、公正、有效地找到执行人且对方有意愿接受，也是对管理者布置任务能力的考验。只规划而无法落地的只能叫想法，并且无法体现出一个团队的战斗力；规划后通过团队力量进行落地并产生结果才能体现出一个团队的战斗力。

布置任务可以概括为 3 个方面：

（1）关注任务，做好界定和识别

有人认为工作设计和授权是管理者天生的技能，但遗憾的是，许多管理者由于没有与关键人员进行有效沟通，导致在进行工作设计和安排时跌了跟头。沟通需要占用很多时间，而大部分管理者习惯将时间用在"做事情"上面，很少花时间与人沟通，这会导致其因缺乏充分信息而做出草率的工作布置。管理者进行分工的原则应该是：团队成员的工作任务与岗位角色清晰匹配，也就是"双 R"清楚（Responsibility 和 Role）。而所谓明确的划分，是指每个团队成员的具体工作和职责都有清晰确定的边界，使得团队内各成员都必须对其本职工作负全责。团队内成员的能力必须与所从事具体工作的难度相匹配，或者能力略低于工作难度的要求，可以让他们跳一跳再摘到苹果，让任务更有挑战性，做成之后能够获得更大的成就感。

在将人与事务进行匹配的过程中，新任经理人还必须学会知人善任，选拔合适的人做合适的事。人事匹配并不像想象中那么简单，虽然找到能够做事的人确实不难，但找到价值观、习惯与公司吻合的人却很难。关于任务与人之间如何匹配的问题，下图中的矩阵工具可以协助管理者判断与分析，看看什么样的任务该布置给谁，以及如何布置。

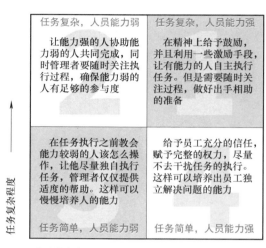

（2）关注人，提高下属完成任务的能力

经常有管理者把下属提出的问题视为障碍。持有这种想法的管理者，在行为上会一味地去补救下属的工作失误，而不是教会他们如何正确地做事，同时拒绝与下属分享成功，对他们的问题和失败也避而不谈。而正确的思路应该是，管理者首先要关注自己的员工，看他们在做什么，是如何做的，这样才能及时帮助他们。这需要管理者投入大量的时间和精力，既需要定期与员工沟通，也需要密切关注工作流程的执行情况。管理者要询问是什么阻碍了工作完成，是什么促进了工作完成。当结果与期望一致时，应给予员工适当的鼓励；当结果让人失望时，应通过监督获得有效信息，据此进行计划和方法的调整，加强培训，并通过申请更多资源支持等措施，让工作回到良性发展的轨道。

其次，管理者要在团队中建立培训与交流机制，把优秀的团队文化和工作技能传递给队友。优秀的团队文化和工作技能培训，也是让团队成员在工作中把个人能力发挥到极致的最好方法。这样才能提高战斗力，这也是一个团队合作的最终目的。

最后，管理者要亲自坐镇，当好团队的总指挥。团队成员总会遇到自己无法独立解决的问题，这个时候作为管理者，最重要的责任就是为其排忧解难，做好指挥工作。要培养成员在工作中遇到问题及时汇报的良好沟通习惯。管理者可以与成员进行一个短时间的当面探讨，给出问题最好的解决办法。

对于团队成员，我们需要投入更多的时间和精力，引导他人发挥最佳表现，识别他人的天赋与才能，依据他人的能力和兴趣委派工作任务，激励他人的士气，善用他人的长处。在下图中，我们从员工个人能力与意愿的角度分析了管理者应该实施什么样的管理行为。

	能力低，工作意愿强	能力高，工作意愿强
	应积极鼓励，同时对任务目标、任务过程等方面给予指导，必要时提供一定的帮助	需要充分信任，授予下属自行解决问题的权力。干预越少，下属越能成长
员工工作意愿强度 →	可以利用任务来了解和指导下属，评估他们的能力，提供改进的意见，传授必要的方法。优先以提升他们的执行意愿为目标	适合从任务之外的角度来帮助下属，了解他们执行意愿背后的情绪，以及情绪背后的心态。用迂回的方法来提升他们的执行意愿
	能力低，工作意愿不强	能力高，工作意愿不强

员工能力水平 →

（3）创建强大的人事关系

在组织或部门之中，团队合作精神尤为重要。领导者需要具备优秀的凝聚能力，可以把团队成员的各方面特性调动起来，同时也需要具备与不同的人相处和沟通的能力。从某种角度上看，"带人"是通过配置资源解决对外合作的问题，是一门艺术。这里的资源不仅包括人、钱、物，还包括信息、资源和想法。

在担任新管理职务时，支持上司决策的能力也是成功的关键。因此，我们必须了解上司的工作计划，处理好与上级的关系。在了解上司的工作计划后，我们才能够有方向、有策略地支持公司战略，更容易帮助上司实现目标；能理解为什么上司会要求我们带领团队实现某些目标，帮助我们理清团队的优先事项；能明确需要向上司汇报的问题，更加有效地帮助团队达到绩效标准。我们应该与上司多协商，建立良好的合作关系，在公司的统一战略下，让自己发光发热，实现最大价值。

管理者与员工之间应该是合作伙伴关系，如果管理者不能把员工看作是自己事业的合伙人，对他们吝啬、苛刻，就很容易站到员工的对立面。聪明的管理者应该把员工当作企业的合伙人对待，因为员工不仅是企业财富的创造者，更是企业发展的推动者。

在日常工作中，我们时常遇到类似的问题：与业务方沟通困难，与供应商沟通困难，与服务商沟通困难，与客户公司沟通困难，多方合作更是难上加难。在一个在商言商的世界里，沟通与合作离不开的话题是利益。想解决多方合作难的问题，我们需学会如何管理利益相关方。这既需要识别出利益相关方，还需要找到他们所关注的利益。换言之，利益相关方管理是指我们对利益相关方的期望管理和关系管理。在下图中，我们从权力水平和利益相关程度的角度分析了管理者应该如何对利益相关方进行管理。

权力小，利益多	权力大，利益多
向利益相关方及时传递任务的执行结果，避免有不及时的或者不对称的信息	贴近利益相关方，推动他们参与到任务中来，随时汇报执行进度和执行结果并获得利益相关方的充分反馈
维持例行的结果信息告知即可，不需要专门针对他们去做沟通	这类利益相关方对任务的结果本身不在意，所以要从其他方面入手，做到令他们满意
权力小，利益少	权力大，利益少

（纵轴：利益相关程度 横轴：权力水平）

1）初步沟通：找到切入点（投其所好）。在项目启动初期，我们与许多利益相关方都是初次见面，谈不上有很深入的了解。或许我们在开展项目之前会做一些初步沟通，却未必真正了解利益相关方的期望。

留给利益相关方的第一印象非常重要，我们应想好如何"破冰"，即找到建立良好关系的切入点，引起对方的共鸣。投其所好，便是较好的"破冰"方式。

2）私下沟通：主动争取"认同"。如果把很多问题都摆到台面上来处理，各利益相关方的表现会有所差异。他们会顾及自身利益，更会揣摩其他人的想法（博弈）。但倘若我们能在解决问题之前先一步与利益相关方或部分利益相关方主动沟通，争取"认同"，那么解决问题的胜算会更大一些。

3）贴心沟通：找到对方的困难点（解决问题）。实际工作中会有这样的事例：我们觉得甲方会很欢迎我们的到来，因为我们是来帮助他们的，实则不然，甲方团队可能会质疑或忌惮我们，他们可能怀疑我们的能力，或者担心我们把工作完成了，他们的价值就很难体现出来，甚至有被辞退的风险。这就是错误地判

11

断了对方的困难点。

作为项目的管理者，我们需要的不是想尽办法完成自己的工作，而是需要有大局观，要照顾更多人的感受和利益。当我们能找到对方的困难点，并且帮助他们解决问题时，我们自然能得到对方的认可。

4）统一战线：把对方的利益放在前面。很多时候，我们感觉讲起道理来自己都懂，但做起来实在太难。在管理中也是这样，我们在大多数时候优先想的都是自己的利益，即便成为管理者也避免不了。但倘若每个利益相关方都是自私的，都只想着自己，是不可能齐心协力的，那又怎会获得其利断金的价值呢？所以，我们需要建设一条多方统一战线，把对方的利益放在前面。

在实际操作层面，真正好的利益相关方管理方法是追求平衡，既能使我们得益于合作者，又能使合作者得益。事实上，我们一直讨论的团队管理也是类似的平衡，即寻求利益最佳平衡点，它是期望与现实的平衡，亦是多方关系的平衡。

【行动地图】新任管理者每日工作清单

1. 向每个团队成员确认工作目标。

2. 帮相关员工明确自己的岗位与职责范围。

3. 判断事务的难易程度。

4. 观察每个员工的工作状态与意愿。

5. 与员工进行一对一沟通辅导。

6. 向上沟通进展与风险。

7. 关注相关利益方的关系。

1.2　减法：—自我盲区，接受反馈

作为管理者，需要不断减少自己的管理盲区。管理者越是具备开放的心态，获得的信息反馈就越多，做出正确决策的概率就越高，也就越能获得团队的信任。从汉字结构角度来看，"盲"字从目（眼睛），从亡（失去），表示眼睛失明。管理者丢失了眼睛，像盲人一样行走是很可怕的。管理者要虚心认识自己的局限性，寻求并接受建设性的批评，为自己的错误承担责任。

1. 打开视窗，接纳反馈

每个人多少都有些自我认知偏差，但是只要扬长避短，最终仍然可以实现自我价值。我们可以使用一个叫作"约哈里窗口"的工具来帮助自己修正认知偏差。这一工具于 1955 年由美国人 Joseph（约瑟夫）和 Harry（哈里）提出，因此将二人的名字合在一块命名为 Johari Window。他们绘制了一个人的自我认知图，这个图包含四个象限。第一个象限是我知道的关于我的事情，以及他人也知道的关于我的事情，这个象限叫作公开区。比如，你们知道我的名字、发色和长相。第二个象限是我不知道但是他人知道的关于我的事情，比如我的行为习惯、别人对我的感受等。第三个象限是他人不知道并且我自己也不知道的关于我的事情，是我未知的潜能。团队成员、上级、平级给管理者的反馈可以启发管理者，并且激发管理者在未知领域实现突破。第四个象限是他人不知道但我自己知道的关于我的事情，这是我的秘密。管理者希望周围的人能让自己产生更多的顿悟，希望

周围的人能够给自己更多的线索，通过公开的反馈，打破自己的认知屏障。

实现认知突破后，我们可以更清晰地看到自己，把隐藏的潜能更多地释放出来，还可以提升自己的影响力，拉近自己与社会环境的关系。所以在管理的过程中，我们如果能够把"约哈里窗口"拓宽，就能够变得更加自在、更加通透，与团队成员的互动关系也会更加开放真诚。

"约哈里窗口"如下图所示：第一象限为公开区（自己和他人都知道），第二象限为盲区（自己不知道，他人知道），第三象限为潜能区（自己不知道，他人也不知道），第四象限为隐私区（自己知道，他人不知道）。

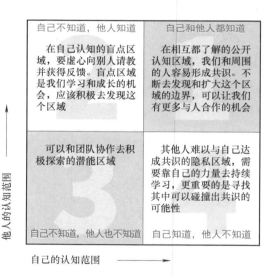

2. 客观、真实地了解自我

如果我们想打开盲区并进行自我探索，还有很多其他方法，例如领导力测评、照镜子、360 度反馈。这里介绍一个比较经典并且实用的行为模式测评。

假设有一个场景，刚刚发生了一场史无前例、非常严重的空难，事故导致机毁人亡，全体机组人员及乘客无一幸免。当你听到这个消息的时候，第一时间的直觉是关注人还是关注事？

关注人：你会感到难过，感叹他们好可怜，他们的家人怎么办？

关注事：这件事情是真的还是假的？发生在什么时间及什么地点？哪些媒体报道了这件事情？

直觉反应的速度是快还是慢？

反应快：我要尽快去看看能为他们做些什么。

反应慢：持续思考这次事故到底会有多大的影响，波及面有多大，航空公司做出的反应是什么样的，给乘客家属的安抚方案是什么。

根据自己的答案，我们可以大致判断出自己的行为模式特点，如下图所示。

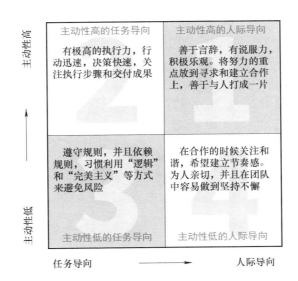

第一象限：反应速度快，关注人。处于该象限的人的显著特点是乐观、友好、热情。

第二象限：反应速度快，关注事。处于该象限的人的显著特点是直接、控制力强、独断。

第三象限：反应速度慢，关注事。处于该象限的人的显著特点是注重细节，追求精准，重视事实、逻辑。

第四象限：反应速度慢，关注人。处于该象限的人的显著特点是内敛、人际关系稳定、有耐心、有毅力。

你也可以快速地判断一下自己的行为风格处于第几象限，做好自我认知，更好地"照镜子"。

在反应速度这个维度里，"快"指的是快速响应，快速行动，快速做决定，一般凭的是直觉、感觉；"慢"跟"快"正好相反，表示行动较慢，做决定较慢，考虑得较多，比较谨慎。比如，有的人走路很快，有的人就很慢。早上上班，行动较快的人从起床到出门只需几分钟，而行动较慢的人可能要收拾半天才出门。这就是快速和慢速的区别。体现在性格上行动较快的人性格外显，也就是外向、张扬；行动较慢的人性格内敛，也就是内向、低调。在一个大家互相都不认识的场合，一般性格外显的人会主动去跟性格内敛的人打招呼，或者挑起话题。

另外一个维度是关注点在任务还是在人。这个比较好理解，有的人会比较偏重他人感受且注重人际互动，有的人更关注任务事件。举个例子，有个朋友跑过来说："外面有两个人在打架！"关注人的人可能会问："有人被打伤吗？"关注任务的人可能会问："他们为什么打架？"再举个例子，当团队中有位成员业绩不达标，将要被开除。这是一位很勤奋但是能力有限的员工，有很重的经济压力，妻子刚生孩子，还没有工作，每月有不少的房贷要还，家里老人的健康状况也不好。对于这种情况，关注任务的上级会很理性地去跟这位员工谈辞退事宜，而不会觉得有什么问题。这是因为他更多关注的是业绩。而关注人的上级可能一想到要跟这位员工谈辞退的事就开始失眠，他的内心比那位员工还要纠结、痛苦。这是因为他关注的是人，非常在意他人的感受，也在意他人对自己的评价。

在这两个维度下的四种行为模式本质上没有好坏之分，都有自己的优势与局限性。例如，陈北北近期遇到的这件事：

王磊是研发经理，是陈北北的下游合作伙伴。这天，陈北北的下属张小团找到王磊，说需要临时增加一个很重要的产品功能。这个功能对于提升用户体验非常有价值，主要是竞争对手早已经推出了类似的功能，上线后非常受用户欢迎。她希望研发同事能尽快在产品中加入这个功能，但是王磊说这个功能不在本次确定的需求中，并且这个功能要耗费很多人力和时间，目前手上还有其他几个公司级重要项目在进行，人手很紧张，只能等下次功能优化时再加入。张小团好说歹说也没有说服他，因此她来找陈北北，希望能跟研发经理重新沟通协调一下。

陈北北属于典型的第一象限的人，做产品经理一定要有良好的沟通协调能力，与人沟通协调也是她最在行的。王磊则属于典型的第三象限的人，做事非常讲究原则、流程，认为项目按照重要性优先级排好后就必须遵照这个规则执行，他也叮嘱下属要按照项目优先级做事，明确孰轻孰重，不能轻易更改；凡事用数据说话，不能拍脑袋、凭直觉做事，他认为直觉最不靠谱。

于是陈北北约了王磊沟通一下这件事，在沟通之前，她要分析一下如何与不同行为模式的同事交流。这可以使用下面这张四象限图。

从图中我们能看到，针对不同的沟通对象，要采取不同的沟通措施。王磊属于第三象限的人，主动性不高，讲究规则制度、任务导向。于是陈北北在沟通过程中尽量做到多用数据说话，谈客观事实，把用户的需求数据摆出来证明自己的观点。同时，她还注意收敛自己感觉和感受，不使用模糊和抽象的语言。

在使用了针对行为模式的沟通技巧后，陈北北与王磊的谈话高效且愉快，新需求的问题也顺利得到了解决。

优秀的管理者一方面需要有清晰的自我认知，另一方面也要有对他人的敏锐感知，鼓励并且珍视员工的反馈。管理者不应该是只接受自我反馈的人，他们还必须能够欣然地接受员工的反馈，所有员工的意见都很重要。管理者要把每次反馈都看成一份礼物，接纳并采取相应的行动：

行动一：承认自己的缺点。

行动二：以更高的标准要求自己。

行动三：听到模糊或令人困惑的反馈时，先平心静气地澄清问题。

同时，管理者也应该认识到，并非所有员工都愿意与上级分享意见。针对这种现象，管理者可以从文化建设入手，建立一种反馈文化、信任文化，通过营造氛围，让员工可以自然地表达他们真实的意见而不必担心遭到报复。管理者还可以从改变自身角色入手，建立一个员工和经理平等坦率地交换反馈信息的流程，这样对双方都大有裨益。

【行动地图】

1. 知道自己的强项、弱项、机会和局限性，并能坦然谈论。

2. 承认个人的错误和局限，寻求和接受建设性的批评，并为自己的错误承担责任。

3. 客观看待批评，并从反馈和批评中调整对自我的认知。

4. 乐于与上级进行全面而平衡的（包括正反两个方面）绩效反馈和职业讨论。

5. 善于反思和自省，能从成功中总结经验，从失败和错误中吸取教训，找到持续改善和提升的空间。

6. 善于向他人学习，在交流和共事中找到发展自我的空间。

7. 知道不同的情况和问题可能需要不同的技能和方案，努力发挥自己的强项，弥补自己的弱项和不足。

1.3 乘法：× 以身作则，身先士卒

孔子曰："其身正，不令而行；其身不正，虽令不从。"从你成为管理者的这一天开始，你的所有行为都会被放大。这种感觉，就像是站在舞台中央，被团

队成员围观一样。一言一行，可能都会被放大数倍。这让领导力变得不只是自己的事情，不仅仅是自身的发展，不限于是自我的修炼。让自己成为标杆，以身作则，更是管理者的核心修养。

从 leadership（领导力）这个词来看，lead 是前进方向，ship 是指你有一艘大船，你将带领你的船员乘风破浪去向你们梦想中的目的地，而你就是以身作则的船长，把握好方向，身先士卒可以产生乘法效用，使团队效率倍增，获得团队最大的信任。

建立以身作则领导力的基础，就是要说到做到。信誉是领导力的基石！著名的南极探险家沙克尔顿将军以三次艰苦卓绝的南极探险经历闻名于世，从他的故事里我们能看到以身作则的力量。

1914 年年初，沙克尔顿发布了一则招聘启事："招聘探险者，参与极度危险的旅程。参与人员将赴南极探险，那里极度苦寒，危机四伏，需要在数月不见天日的地段工作，并且不保证安全。如若成功，可获得的，仅有荣誉。"如果你看到这则招聘启事，会有什么样的反应呢？我想大部分人都会觉得这简直就是开玩笑。但事实是，在短短几天内，报名者竟达 5000 人之多。经过认真严格的挑选，沙克尔顿将军最后从中确定了 27 名船员。在 5 个月的准备工作结束后，1914 年 8 月 1 日，包括沙克尔顿将军在内的 28 名勇士乘木船离开伦敦。第二年的 1 月 8 日，他们到达南极洲边缘。他们的船在冰雪上漂移了数月后，被巨大的冰川挤压而沉没。在食品、衣物、遮蔽物严重不足的情况下，沙克尔顿将军和他的船员在冰天雪地中整整露营了 5 个月。在这段时间里，为鼓舞船员的斗志，虽然和船员同样身心俱疲，沙克尔顿仍然谈笑风生，还不时地在冰上翩翩起舞。而这时，他们几乎将所有的食品都吃完了，只能靠企鹅肉与冰雪维持生命。当最后漂浮到北面开放水域后，他们乘坐抢救出的三艘小救生艇，经过7天艰苦的海上旅程，齐心合力勉强登陆到一个远离航道的无人岛屿——大象岛。毫无疑问，留在这个无人岛上也只有死路一条。这时队员们的体能与精神都已接近极限，沙克尔顿将军决定不能再等，于是在1916年4月24日，他与另外4名船员乘坐救生艇"加蓝号"开始执行一项几乎不可能的自救行动，目标是横渡1300海里（1海里＝1.852千米）波浪滔天的海面，到达南乔治亚岛村。临行前，他秘密写下一张字条，告诉剩下的船员如果20天后他没能返回，再打开字条。字条上写着："我一定会回来营救你们，如果我不能回来，那我也尽我所能。"

后来，经过努力，沙克尔顿将军奇迹般地到达南乔治亚岛北岸，在获得补给后返回大象岛去营救他留在那里的23名船员。但是，直到1916年8月30日，营救船才终于驶进大象岛，这时距离之前约定的20日期限已经超出了整整100天。然而，当初留在大象岛上的23名船员全部都坚持了下来，奇迹般地在无人岛上等到了沙克尔顿将军的返回。事后有人问这些船员是什么力量让他们支撑这么长的时间，其中一个船员说："我坚信沙克尔顿一定会成功，他有这个能力，万一失败我们也知道他尽力啦。"这位船员的话与那张根本未打开的纸条出奇地相似。问及那位收藏字条的船员，为什么在超出预计时间那么久之后仍未打开字条，他说："因为我和剩余的所有人都知道，沙克尔顿会成功，他不会丢下我们不管。"

成为像沙克尔顿将军一样的管理者，以身作则，身先士卒，就可以获得团队无条件的信任。一个践行核心价值观的榜样，可以在日常的团队管理中潜移默化地增强队伍的核心价值观。因此，管理者要首先明确自己的价值观，找到自己的声音，然后使行动与价值观保持一致，为他人树立榜样。

【行动地图】

1. 为自我承诺的事情付出努力，不畏艰难，确保在设定的时间内完成。

2. 主动承担自我职责以外的任务，积极采取行动促进团队绩效的提升。

3. 对待工作热情投入，积极把握机会，不断采取行动，甚至是采取超越工作要求的行动以推动进展，对出色完成任务、达成目标有强烈的渴望。

4. 具备自我责任感，主导事情的产生和发展，不受外部环境或他人的影响，不怕失败，敢于冒险。

5. 主动实施新的想法或可能的解决方案。

6. 在团队有需要及寻求帮忙前，主动提供帮助以促进目标达成。

1.4 除法：÷个人主义，无我利他

一个刚刚进入职场的新人，需要有为了个人目标努力奋斗的拼劲和闯劲，为了养活自己和维持家庭去全力以赴地工作且追求业绩。但当他成为管理者后，就需要尽可能地除去利己思想，多建立一些利他思想。因为管理者是通过协助他人成功而获得成功的，如果管理者还是保持利己主义，虽然能够获得业绩，也能得到他人的佩服，但很难获得他人的尊重。一个得不到多数人尊重的管理者，就很难在管理这条路上继续前进了。所以，管理者要站到更高的角度看待自己，要为更多的人谋取福利。

在《京瓷哲学手册》中，稻盛和夫说："即便牺牲自己，也要帮助他人，这便是利他之心。"在《心法》中，稻盛和夫说："所有的成功都归结于利他主义。"

中国著名企业家、方太集团的茅忠群说："只有坚持以仁爱为缰，以利他之心让科技有善意，以同理之心让科技有智慧，以平等之心让科技有担当，创新科技才会与美善和幸福同行，为人类创造更多的正向价值。"

同理之心，即是换位思考，将心比心，像给自己、给家人做产品一样为消费者做产品。茅忠群说，同理心可以"让科技向着温暖与善意生长，让冷冰冰的科技变得温暖人心"。方太在推出每一种产品前，除了走访众多用户，还要让自己、家人作为第一消费者去充分体验，在充分以同理心深刻洞察和反复自省检讨之后，才创新研发并推向市场。伟大的企业必须能够帮助员工成长，而且是幸福地成长，而拥有幸福感的员工才能真正为顾客带来好的产品和服务。

【行动地图】

1. 在了解潜在的负面影响后，仍然愿意主动为团队采取行动，从而努力争取可见的结果，并愿意承担失败带来的后果。

2. 对他人感兴趣，关心他人在工作和生活中遇到的问题。

3. 愿意倾听他人的诉说，引导他人将自己内心的想法和感受说出来，并随时准备帮助他人。

4. 指导他人以培养个人责任感，并通过授权以达成更高绩效。

第 2 章　管理情绪的加减乘除

一个人有点坏情绪。

很快，就可能变成
几个人的坏情绪。

接着可能导致全部门的坏情绪。

最后，甚至演变成了整个公司的坏情绪！

快逃啊，
这里全部被坏情绪
占领了。

　　情绪管理维度的领导力提升过程，是从体察自我到影响他人，逐层扩大影响半径的过程。管理者的情绪管理可不仅仅是持续给团队增加积极情绪这么简单。情绪管理的出发点"加法"在于觉知自我情绪，感受当下的愉悦、平静、愤怒，了解自己控制情绪的能力。接下来的"减法"是减去负面情绪及克制自己的冲动，疏解自己的压力。当完成了自我这个层面的情绪管理后，再升级到由内到外的"乘法"，让管理者掌握拥有影响与处理他人情绪的技能，具备情绪社交的能力。对于最后的"除法"，我们要解决的是缺乏同理心的问题，要学会捕捉和理解别人没有直接表露出来的感受与意图。

本章 公式

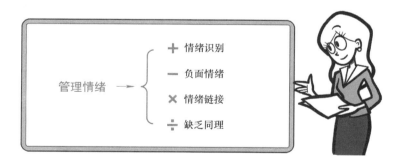

管理情绪　→
+ 情绪识别
− 负面情绪
× 情绪链接
÷ 缺乏同理

2.1　加法：＋情绪识别，自我感知

　　认识自身的情绪是情绪管理的基础。我们看一下 emotion 这个词本身，它的构词方式给了我们很生动的启发。e 的词根意思是外流、向外、出去，

motion 是流动、移动，所以 emotion 这个词是指流露出的情感。我们的情感具备很大的力量和穿透感，会影响或带动他人的情绪。那么，如何识别自己的情绪呢？

1. 接受自己的感受，有助于自身的情绪管理

有较强自我意识的人，在情绪出现的时候会有所察觉，这种人通常比较善于处理自身的情绪。他们对情绪有着清晰的认识，熟悉并确定自身的心理限度，心理健康状况良好，对人生比较乐观。他们在陷入负面情绪时也不会作茧自缚，能够迅速地摆脱。总而言之，他们对情绪的关注有助于自身的情绪管理。

想象一下这样的场景：你和团队几位同事出差正坐在飞机上。一路的旅程很舒适，但飞机广播里突然传出空乘人员的声音："女士们，先生们，飞机前方将会遇到气流，请回到座位并系好安全带。"不久后飞机果然遇上气流不断颠簸，其剧烈程度是你从来没有经历过的。现在，你会是什么反应？

如果是自我意识较强的人，就能够知道自身的情绪，也知道自己对该情绪的看法，例如"我生气了""生气对我不好"。观察自己后续的行为，是把头埋在书或杂志里，或者继续看电影，完全不理会气流的影响；还是找出紧急情况提示卡，复习注意事项；或者观察乘务员是否出现惊慌的神情；或者紧张地听着飞机发动机的声音，看是否出现异常？在整个过程中，你应该对自己情绪状况有所觉知，自己现在是放松无所谓的，还是焦虑紧张的。对自己的波动心绪有觉知，接下来你也许就能为团队其他同事消除紧张了。例如，你跟大家开个玩笑："哎呀，你看我们都快被颠成番茄酱啦！"

2. 情绪的分类

　　管理者在职场和社会生活中会遇到几乎所有类型的情绪。但是大部分人对情绪的认知并不全面，我们需要系统地认识一下自己感受到的情绪都有多少种。通过下面的四象限图，我们可以把类似平静、愉悦这些描述情绪的词归到不同的类型中去，横向维度划分出正面情绪与负面情绪，纵向维度划分出能量消耗高的情绪与能量消耗低的情绪。

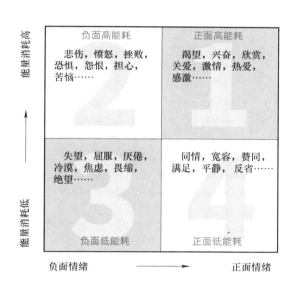

　　第一象限：正面高能耗情绪，例如激情。

　　第二象限：负面高能耗情绪，例如愤怒。

　　第三象限：负面低能耗情绪，例如失望。

　　第四象限：正面低能耗情绪，例如同情。

　　那么不同的情绪给你带来了什么呢？正面或负面的情绪会影响你的表情、行为、语言，影响你身体的健康状态，影响你对各种事物的态度，进而影响你在职场中的工作状态和人际关系。如果长期处于能量消耗高的情绪中，人们会感到疲惫和焦虑；如果长期处于低能量维度，人们又会感受到消极和缺乏动力。这两种极端情况都很难形成情绪上很强的感染力与影响力，也让团队成员难以捉摸你的倾向。情绪的识别与把握是不断追求均衡的过程。

3. 如何正确认识自己的心态模式

举一个上班路上的例子：你在一个下雨天开车去上班，出发得有点晚，尽管有些匆忙，但你并没有超速行驶。在一条路的拐弯处，车轮意外打滑，最后车掉进了排水沟。

面对这样的情况，不同的人可能会产生两种不同的情绪。

正面情绪：客观分析和评估困难发生的内外部原因和偶然性。打滑是因为今天下雨，路滑时开车是容易出事故的，好在我没有受伤。

负面情绪：夸大困难的内外部原因和普遍性。我开得太快了，因为我今天没有安排好自己的时间；我总是出发得很晚，总是不会管理自己的时间，这样愚蠢的事已经发生了很多次，明天又要走保险修车了。

基于一个事件场景，你会有不同的心态。如果你的心态是积极乐观的，那你会产生一种行为结果；如果你的心态是消极负面的，它会产出另外一种行为结果。两种行为结果之间的差距可以说是天壤之别。所以，同一个事件会产生什么样的后果，很大程度上取决于你以什么样的心态去看待它。管理者是团队的领头羊，在面对困难和问题的时候应该坚持抱有积极的心态，产生正向积极的结果，进而影响团队里更多的人。当我们一直秉持积极乐观的心态，我们就会对所有的事件怀有充分的好奇心，而有了好奇心，才可以有更多的创新创造，实现正向提升与突破。如果与此相反，我们怀着负面消极的态度去判断和处理事情，就会产生严重的不安全感，这会阻碍我们去做这件事情，甚至逃避或者回避这类事情。这样也会导致团队的效能与士气变得更低。

说到心态模式，我们可以用 ABC 模型来解释。模型中的 A 是诱发性事件；B 是心态，即个体在遇到诱发事件之后对该事件的看法、解释和评价；C 是在特定情景下，个体的情绪及行为。

我们来看三个从 A 到 C 的例子：

1）因为今天领导批评我了，所以我心情非常不好！

2）因为今天手机丢了，所以我心情非常不好！

3）本来我今天就很累了，再加上下班没有赶上班车，所以我心情非常不好！

那么我们如何通过对 B 的调整来改变最终的 C 呢？

举个例子，甲、乙两个鞋子推销员受命同到一个荒岛考察，他们发现荒岛上的人都不穿鞋。甲感到非常失望，因为他认为这个岛的人不愿穿鞋，想要成功推销是不可能的；而乙感到非常兴奋，因为他认为这个岛上的人还没有鞋子穿，成功推销的可能性极大。甲的情绪是失望和沮丧；乙的情绪是兴奋和高兴。我们可以看到，乙通过 B 这个转折点，更加积极和理性地看到了事件有利的一面。

同样一件事，不同的人会有不同的心态，产生不同的情绪。例如，下图中展示了陈北北、张小团等人走在路上且被树上掉下来的苹果砸到后的不同心态。陈北北的心态是，牛顿也被苹果砸到过，一定是有好运将至，这是在提醒我！张小团的心态却是，真倒霉，走在路上都可以被苹果砸到，这个概率太小了，最近一定比较倒霉，我得小心点。而其他人也有各自的心态和情绪。

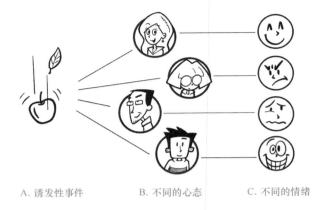

A. 诱发性事件　　　　B. 不同的心态　　　　C. 不同的情绪

管理者需要修炼自己客观、公正、乐观、积极的心态，从而产生正向的情绪。这种心态往往是一种信任，相信每个人都有自己优秀的一面，每个人都是足智多谋的，每个人都有能力在权衡之后做出最好的选择，每个人行为背后都有正向的意图。管理者需要相信自己，也需要相信团队。

【行动地图】

1. 记录自己的情绪。可以在情绪坐标中找到当下的情绪，通过画笑脸、哭脸等符号的形式记录或者是用一些表示情绪的词语记录。

2. 与人交谈。用照镜子的方法让别人来告诉你，你现在处于一个什么样的状态。

3. 测评情绪。通过科学的量表进行测试来判断自己的正能量、负能量的程度。

4. 反思自我。思考自己为什么会有当下的情绪，发生了什么样的事件导致了这个情绪的产生。用良好的心态去梳理接下来你的反应行为。

2.2　减法：－负面情绪，管理控制

　　我们身上的大部分能量都在我们表达负面情绪时散发了出去。为了保存能量，减去负面情绪，我们可以将消极的能量转换成积极的能量。团队最大的灾难不是有一个胜任力较低的员工，而是存在一个有负面情绪的员工，他的负能量散发给周围更多的同事，会导致整个团队都被笼罩在低沉的消极氛围之中。作为管理者要以身作则地减少破坏性的负面情绪，避免因为一个人的心情状态影响整个团队的士气。现代职场的竞争虽然主要是工作能力和效率的较量，但是长期保持乐观精神的能力也不容轻视。管理情绪的目的是实现平衡、节制，不做激情的奴隶。没有激情的人如同荒漠，而情绪失控又是病态的，平衡的关键是减少负面情绪，增加幸福情绪。长期持有负面情绪会让自己和团队都感到压力倍增。

1.　负面情绪与消极认知

　　张小团作为小组里的技术骨干已经工作快三年了。两周前，她所在小组的经理离职，大家纷纷揣测张小团可能会是替补人选，因为她在年资和经验方面都有很大的优势。再加上几天前，高级经理陈北北把张小团找进办公室，询问她对担任小组经理的想法和意愿。当这个消息传开后，大家就纷纷开始喊张小团张经理了。但是事与愿违，人事部公告的新任小组经理，是从集团另一家公司调过来的"空降兵"。张小团顿觉心中波涛汹涌，各种各样的情绪涌上来，难过到几乎窒息。设想一下，如果你是张小团，会有什么感受？你又将如何对待？

对于这样的情况，比较合理的做法是，先识别导致情绪的内部因素。张小团的内部因素是期望与现实之间存在过大的落差，以至于难以调控，从而导致自己情绪失控。在这种情况下，张小团可以通过自我激励，把思维聚焦在自己能改变的事件上，不去想那些自己控制不了的事情，与自己和解。她可以告诉自己，反正也很难左右上级的决定，不如不再想这个决定本身，把精力和状态转到自己可以做点什么的事件上。

识别了内部因素，再识别外界因素。周围人给的期许无形中给张小团带来了压力，这是一种被压制的感觉，一种危机感。顺应周围人对自己的看法，冷静下来，把"危机"变成"转机"。只要能够接受危机造成的逆境，提升自己在挫败中的抗击打能力，就能像乒乓球一样，被砸得越狠，反弹得越高。

常见的消极认知扭曲有9种：

1）二元对立思维：把事物进行绝对化分类，非黑即白；对自己的判断也是非此即彼、非好即坏。例如："我输了，一切都完了。"

2）过度泛化：根据一个证据或单一事件得出一般性结论，根据单一事件总结出普遍规律。例如："我又失败了，我肯定什么都做不好。"

3）自我过滤：选择性地只关注负面，忽视正面。例如：别人跟你说了一段话，你只关注糟糕的部分，好的部分都没听进去。

4）跳跃式结论：揣测他人心思或先知错误。例如，"他肯定认为我很讨厌"，这属于揣测他人心思；"我快要疯了"，这属于先知错误。

5）控制错觉：夸大或贬低。要么觉得自己无所不能，要对所有人和事负责，要么倍感无力。例如："这简直是灾难。""职场末日就要到了。"

6）情绪推理：由情绪推断结果。例如："我感到灭顶般的无望，所以我的问题肯定不可能解决。"

7）"应该"陈述：对自己和他人的行为有一套严格的规则，非理性思维。例如："我应该做一个完美的人。""你应该这么做。"

8）贴标签。例如："我生就是个失败者。""衡量一个人的标准就是看他所犯的错误。"

9）归己化。例如："我一定不是一个好职员，他这个回复表明我是多么失败。"

2. 心理压力与解压

长期处于负面情绪之中，会让我们压力倍增。我们一起来测试一下自己的压力值（"是"记为 1 分，"否"记为 0 分）：

1）晚上我入睡困难。是 否

2）我肌肉紧张，或有偏头痛。是 否

3）我担心自己的收入，怕收支失衡。是 否

4）我希望每天拥有更多的笑容。是 否

5）我经常因为工作不吃早餐、午餐或晚餐。是 否

6）如果我能够改变我的工作状况，我愿意去做。是 否

7）我希望拥有更多的个人时间来休闲娱乐。是 否

8）最近我失去了一位朋友或家人。是 否

9）最近我的恋爱或婚姻遇到了麻烦。是 否

10）我好长时间没有好好休假了。是 否

11）我希望自己的人生有清晰的意义和目标。是 否

12）我一周要招待重要客人 3 次以上。是 否

13）我有慢性疼痛。是 否

14）我没有很亲密的朋友圈子。是 否

15）我没有定期锻炼的习惯。是 否

16）我在吃治疗抑郁或失眠的药。是 否

17）我在夫妻相处的问题上有些困扰。是 否

18）我的家族关系不尽如人意。是 否

19）我有些自卑。是 否

20）我没有时间静下心来冥想或内省。是 否

你的压力值怎么样？

较低（＜5 分）；中度（5 ～ 10 分）；较高（11 ～ 15 分）；极高（＞15 分）。

往往当我们测试完后，我们都会担忧自己的压力值很高，先别提早陷入负面情绪，让我们来看一下压力与绩效的关系——压力曲线，如下图所示。

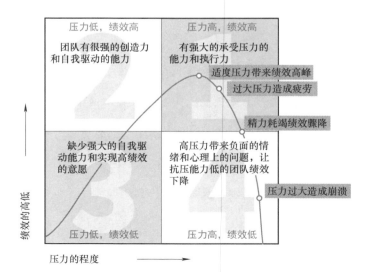

从上图中可以看到，绩效达到最高峰的时候压力值也达到中位，适度的压力有利于激发人的潜力；压力过大则会折损团队的战斗力。压力曲线描绘了一种平衡的关系，在无压力到有压力的变化过程中，找到你的激发点。

3. 负面情绪与压力的调整方法

进行情绪管理的第一步就是"加法"中提到的要正确觉察自己的情绪。而当我们产生负面情绪时，表示生活中有事件刺激而至引发警报。这时，如果我们能察觉到情绪的产生并辨识出情绪的种类，就可以延缓负面情绪的爆发，并在之后对这个情绪做出有针对性的管理。

负面情绪之间存在微妙的差异，我们需要正确理解和分辨。例如，悲伤与痛苦是两种不同的负面情绪，痛苦中会有抗议，悲伤中则会有无助和听天由命的感觉。悲伤和痛苦都会导致抑郁，但导致的是不同类型的抑郁。前者是迟滞抑郁；后者是激动性抑郁。又如，对于愤怒、恐惧和惊讶这三种情绪，最危险的情绪是愤怒。愤怒得不到控制会导致情绪的进一步升级，而且这种循环迭代的速度很快。恐惧经常先于或后于愤怒出现，失控的愤怒会导致暴力。惊讶是所有情绪中持续最简短的，通常不超过几秒钟。恐惧和惊讶的表情有时候难于区分。恐惧根据其程度、时间及能否采取行动有所不同。再看厌恶和蔑视。厌恶中的人际厌恶是后天学来的，比如对怪异、不幸的遭遇和精神变态产生的情绪；厌恶中的基本厌恶是肮脏或恶心的东西给人造成的一种综合感觉。而蔑视只涉及人或人的行为，不涉及味觉、嗅觉和触觉，是指居高临下地厌恶某人或某种行为。

过分压抑只会使情绪困扰加重，而适度宣泄则可以把不良情绪释放出来，从而使紧张情绪得以缓解、放松。适当时候的大哭一场、做适度的有氧运动、放声大叫或唱歌、向他人倾诉等，都是宣泄负面情绪的有效方法。

除了宣泄，我们还能利用负面情绪。辩证地看待负面情绪，往往也能看到它们积极而有意义的一面。我们可以试试下面几种方法去发掘负面情绪中的积极因素。

1）在遇到令自己恐惧或压抑的困难时，进行积极的自我暗示：

我能够处理这种情况。

我可以改变自己的命运。

我喜欢自己的公司和工作。

只要合理安排时间，我就可以及时完成这项工作。

我可以通过努力得到我想要的生活。

2）增加理性的行动，把眼前的忧虑化为事前的思考和计划。时间管理与压力分解存在正相关关系，用充实的工作和活动挤掉忧虑心理空间，让自己忙起来，以至于没有时间忧虑。忧虑最能伤害我们的时候，不是在我们有所行动的时候，而是在我们工作后闲下来放松的时候，空闲的时间多了，消极的情绪就容易膨胀，夸大每一个微小的错误。

3）养成良好的工作习惯，保持清洁与秩序。清理工作台上多余的纸张，只留下和你正要处理的问题有关的东西。混乱的桌面容易让人紧张和忧虑，产生一种"事情永远也做不完"的心理暗示。

4）培养自己的幽默感。幽默感是沟通的润滑剂，可以平缓情绪，带动气氛，化解尴尬，去除张力。学会讲笑话，自我开解。

我们可以把负面情绪当作支出，把正面情绪当作收入。情绪是流动的，就像现金流一样流入流出，当正面情绪多于负面情绪时，我们就"盈利"了。

【行动地图】

1. 清晰地认识和分析自己的压力源，管理自己的行为以预防或减少压力，采用适当的方法来改变导致压力的情况，从而保持生理及心理健康。

2. 压力之下保持冷静，善用时间及精力，将注意力放在解决问题上。

3. 能够同时有效处理多任务和多问题。

4. 当遭受批评、攻击或挑衅时，控制自己的情绪，表现出正面的态度，并维持具有建设性的人际关系。

5. 在困境中保持幽默感，诙谐有趣但不过头，会通过讲合适的笑话缓解紧张，营造轻松的工作氛围。

2.3 乘法：× 情绪链接，社交影响

我们在完成了识别自身情绪、自我调控与自我激励后，就要进入新的阶段，推动情绪情感对他人产生积极影响，带动团队情绪氛围。

我们从情绪的角度出发处理人际关系并且识别干系人，通过控制自己的情绪影响他人情绪，就能让管理效能像做乘法一样达到倍数递增的效果。

情绪智力的发展会经历从自我到他人、从意识层到行为层的过渡，在这个过程中不断加大对他人的积极影响。调节他人情绪的能力，是以自我管理为基础的。自己先以身作则，他人才能将心比心。调节他人情绪的能力是处理人际关系艺术的核心，这要求情绪自控力达到一定的水平。自控是减轻自身愤怒和困扰、控制冲动和兴奋能力的开端。如下图所示，我们从第三象限开始，在意识层面识

别自己的情绪，逐步过渡到第一象限，能识别他人情绪，并有所行动。

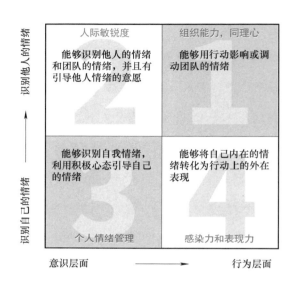

1. 较强的情绪社交能力

情绪社交能力一般指下面三种能力：第一种是情绪表达最小化的能力，会掩饰自身的感受；第二种是放大情绪表达的能力，夸大自身的感受；第三种是情绪转换的能力，用一种情绪转换为另一种情绪。这三种能力，从本质上看，都是人们在人际交流中运用情绪同步性的熟练程度。如果一个人善于与别人的情绪协调一致，或者很容易让别人的情绪跟着自己走，那么他的人际互动在情绪层面就会顺利很多。

调节他人情绪的能力由以下三方面组成：

组织能力——领导者的基本技能，发动并协调团队努力开展工作。这种才能常见于戏剧导演或制片人、军官以及所有组织团体中的优秀领导者。拥有这种能力的人，把掌控当作一种兴趣，乐于参与到统筹规划的事务中去。他们通过强化团队成员的意愿来调节他们的情绪，这种方法很主动也更有掌控感。

建立同理心——处理人际关系的艺术。具有这种能力的人很容易与别人打成一片，容易识别和恰当回应别人的感受和关切，往往能从别人的面部表情中破译情绪。这种人会成为称职的团队合作伙伴、值得信赖的配偶、好朋友或者生意伙伴；在职场上，他们可以成为推销员、经理人或者出色的教师。

较高人际敏锐度——能够体察和领悟他人的感受、动机和关切。了解他人感受的本领可以使人很容易地与他人建立亲密关系或产生融洽感。这种人的能力如果得到充分发挥，他们可以成为很有竞争力的教练型管理者。除此之外，如果还拥有文学天赋，他们可以成为天才型小说家或戏剧大师。

有着上面三种能力的人与他人相处会非常愉快，而且他们具有持续影响他人的能力，给对方带来积极、有默契的感受。很多成功的领导者和演说家，例如马丁·路德·金等，都是善于调动公众情绪的人。

2. 情绪是一种能量

我们身边总有几个朋友是高能量、正能量的化身。高能量情绪，如感激、激情、兴奋等，更容易影响带动周围的人。如果我们可以持续 1 分钟的积极状态，那么周围的人多半也会被你带动一起积极起来。如果把正面情绪能量等级分为 3 级，1 级能量（低）、2 级能量（中）、3 级能量（高），那么我们每次看脱口秀或者辩论赛的时候，台上的演讲者往往都是 3 级能量持有者，这样他们才能带动听众。试想在课堂上，一位老师采用慷慨激昂的讲课风格，另一位老师采用沉闷无趣的讲课风格，在同样的学习内容面前，你的关注度是大不一样的。

3. 情绪社交的负面例子

情绪社交的过程中也有一些负面的案例。有的管理者就像空气中的柳絮、水中的浮萍、草原上的小草，一旦有风向变动就快速改变自己的决策方向，完全不关注团队成员的情绪。

交际花情绪社交：以牺牲个体真实的满足感为代价，成为人人欢迎的人。其私下的形象与其试图在公众面前树立的形象完全不同，所做的事情只是为了赢得大家的爱戴。久而久之，与其在同一个团队的队员会有疏远和背离的感觉，看不清其真实情绪需求是什么。

变色龙情绪社交：为了博得他人的好感，按照他人的意愿行事。他们给别人的印象非常好，管理自己在别人心目中印象的能力很强，但只是说一套做一套。与交际花主动迎合别人不同，"变色龙"则被动附和别人。

如果能随机应变而又忠实于自我内心的感受，运用情绪管理使别人知道自己的真实感受并尊重自己的感受，就是高情商的人。如果随机改变，无论是主动的还是被动的，但舍弃了自己和团队的真实感受，就是负面的情绪社交。

【行动地图】

1. 有意识地调用高势能的情绪来带动他人与你感同身受。

2. 在工作场所懂得利用积极的情绪来建立人际关系，影响他人情绪。

3. 勇于和自己开玩笑，也能和其他人一起开怀大笑。

4. 了解负面的情绪社交，避免过度的妥协与认同。

2.4　除法：÷ 缺乏同理，感同身受

所谓同理心，是指能体会其他人的感受，并适当地回应他人的情绪需求。它是建立情商的基础，更是发挥影响力的必要前提。如果一位管理者连同理心都没有，那么他就很难体会到他人的情绪，更何谈通过情绪社交去影响他人。我们常常听到有同理心的人习惯这样说话："我理解你的情况，我也有和你一样的经历。"这样的语言表达了自己对对方的理解，通过与自己做关联，瞬间拉近了沟通的距离。

1.　为什么需要同理心

同理心能够让你在决策之前先理解与链接他人，让团队信任你，帮助你得到更多更完整的信息。在沟通中使用同理心，需要在倾听中不打断对方，保持目光接触，用心去体会讲述者的语言情境。例如下面的这个场景：

老滴是部门里很让人头疼的员工，每次开会他都是一副心事重重的样子。领导在会上布置任务的时候，他经常暗自摇头，会后还会和同事们抱怨，认为自己的任务不靠谱。

如果你是老滴的上级，你会如何与他沟通？可以试着这样表达：

"我看到每次开部门会你都忧心忡忡，很担心你。"

"我听到你认为自己所做的事情不靠谱。"

"我感觉到你对你的任务有质疑。"

41

通过描述他的情绪感受，拉近情感距离，陈述事实，说出你对对方的情绪感受。整个过程很好地建立了信任，打造出安全的沟通环境，使后续的谈话能够顺利展开。

2. 如何具备同理心

那么如何成为有同理心的管理者？你可以按照下面几个步骤来锻炼自己：

1）观察和感受他人的表情、动作，从他人的角度看世界。

2）分析他人的情绪需求，分析对方的言行意味着什么，以及对方的情绪需求是什么。

3）暂缓回应，不要急切地做出情绪反应，先以诚心去了解、倾听别人。回应时不仅要考虑如何满足对方的需求，更要考虑如何安抚对方的情绪。

【行动地图】

1. 对他人感兴趣，关心他人在工作和生活中遇到的问题。

2. 愿意倾听他人诉说个人问题，引导他人将自己内心的想法和感受说出来，并随时准备帮助他人。

3. 同情他人的不幸，真挚地表现出与别人同喜同悲。

4. 待人亲切、平等，容易接近，能包容他人的缺点。

5. 在与他人的交往中表现出热情、愉快和亲切，善于与他人交谈，营造轻松自在的氛围。

6. 能敏锐地察觉他人在交往中的紧张感，并耐心地对待他们。

7. 容易与他人（即使是第一次接触的人），建立融洽的关系。

第 3 章　管理效能的加减乘除

管理效能是部门在实现管理目标时所获得的管理效率、效果、效益的综合反映。从拆词理解的角度看，"效能"即"效率＋能力"。通常也说，"管理者的效能＝其直接管辖部门的产出＋其间接影响部门的产出"。

例如，在上页图中陈北北和李大为的对话中提到会议效率和会议成本。如果管理者借助会议管理工具对会议提前做好规划和安排，仅用30分钟就达成了会议目标，就提升了开会的效率。管理者从中展现了会议引导和主持的能力。这就是管理效能的价值体现。

对于管理者来说，管理效能最终指向的是和谐、均衡，需要对多个方面进行统筹，包括定目标、建团队、追过程、拿结果，乃至自身和队员的自我成长、家庭经营、理财管理、自身健康等。然而，即使建立了均衡的管理模式，在达成各个方面均衡目标的过程中，还存在很多主观因素和客观因素的干扰，其中任何一个干扰都有可能成为折损管理效能的元凶。

因此，提升管理效能的关键是"加上"精力管理（经理人8个维度的规划和管理能力），"减掉"琐事（干扰和"背上的猴子"），"乘上"自律自控（自我管理），"除掉"迷茫（目标缺失的感觉）。

本章 公式

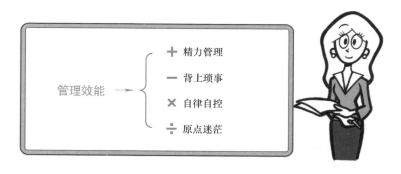

3.1 加法：＋精力管理，任务均衡

一个人或一个团队要想在事业上取得成功，秘诀就在于通过合理的规划和组织来提高工作质量和效率。也就是说，要实现自我管理、团队管理、业务实现、健康管理、家庭经营、财富管理等维度的均衡，这是精力管理的基础，起到"加法"的作用。管理就是因时、因势、因人、因场的不同而不断地决定做什么、不做什么、做到什么程度。我们可以借助"均衡轮"来对各个维度进行规划。"均衡轮"在视觉呈现上如同一个轮子的形状，将一个圆平均分成 6 份，然后将自我管理、团队管理、业务实现、健康管理、家庭经营、财富管理分别填写在圆的各个部分，如下图所示，6 种不同的维度也可以自定义。

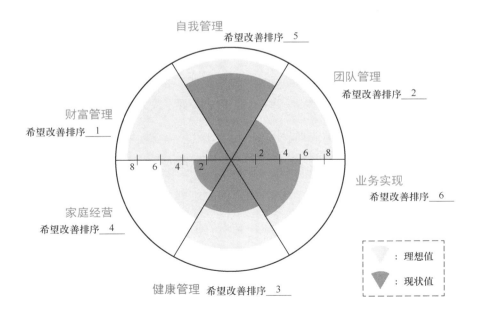

上图中的圆分成6份，赋予分值（0～10分），最后进行排序，如下表所示。

核 心 要 素	现状值（分）	理想值（分）	当下的顺序	希望改善的顺序
自我管理	7	9	1	5
团队管理	4	9	4	2
业务实现	6	7	2	6
健康管理	5	8	3	3
家庭经营	3	6	5	4
财富管理	2	9	6	1

借助"均衡轮"我们可以对各个维度的现状有更加清晰的认识，并且觉察出哪些维度被我们忽视了，不同维度上的发展是否有不均衡。同时，我们也可以找出自己需要或者希望改善的维度。在改善的过程中，最有效的办法就是时间管理。美国著名的管理大师杜拉克说过："不能管理时间，便什么也不能管理。""时间是世界上最短缺的资源，除非严加管理，否则就会一事无成。"

很多管理者都不能很好地进行时间管理，从而导致大量的时间浪费。我们可以把时间浪费的原因分为外部原因和内部原因两类。外部原因是指由他人所引起的时间浪费；内部原因则是指由自己引起的时间浪费。

如果要分析自己为什么会浪费时间，很多管理者会先列出一大堆外部原因。这种"先求诸人，后求诸己"的态度会妨碍我们改正自己在时间管理上的问题。在时间的有效运用上，管理者的敌人其实主要是自己。所以要求管理者应先客观地评估自己运用时间的方式，评估自己的时间使用状况。

1. 记录时间

许多管理者一听到要他们记录自己的时间使用状况，都持反对的态度，认为这多此一举。他们觉得，首先，自己已经十分清楚自己的时间使用状况了；其次，记录时间使用状况是一种费时的工作。但实际上，以上两个反对的理由都难以成立。先就第一个理由来说，人们记住的东西并不像自己想象的那样正确。有许多人甚至连前一天所经历的事都无从追忆，更不用说了解自己的时间使用状况！再就第二个理由来说，为了节省更多时间而花费一点时间是明智的做法，何况若采用合适的方法记录时间使用状况，每个星期所花费的时间大概不会超过两个小时。

（1）记录时间的技巧

自制一张时间记录表来记录每 15 分钟的活动是一个很有趣的技巧。为避免记忆不可靠，最好每隔 15 分钟或半个小时即在表中记录进行过的各种活动。按每项活动的重要性大小，在表中圈出适当的数字。所谓重要性，即指对实现目标的贡献的大小。对实现目标的贡献愈大者，其重要性愈大。你可以事先假定"1"代表重要性极大，"5"代表毫无重要性，"2""3""4"则代表介乎"重要性极大"与"毫无重要性"之间。最后，在进行每一项活动时，倘若遭遇干扰，则在表中最后一栏注明干扰的类别。

最好至少记录一个星期的时间使用状况，以便切实了解自己的时间使用情况。一个星期之后，你可以根据记录对时间使用情况进行统计和分析。

（2）统计与分析时间使用状况的技巧

首先，统计各项活动所花时间的比例，包括打电话、回消息、开会、和朋友聚会、运动、休闲、和家人相处等，计算各项活动的时间各占多少比例，并进行排序。

47

其次，做具体的深入分析。你每天有多少时间在工作？其中整块的时间有哪些？状态很好的时间有哪些？状态一般的时间有哪些？状态不佳的时间有哪些？例如，上午 10:00 左右精力最充沛，与团队沟通解决业务难题，安排产品沟通会；晚上 10:00 精力值最低，回到家中，自己总结复盘这一天的工作。

管理者也可以参照下图绘制一张属于自己的效率曲线图，以时间和状态为两个维度，画出每天的效率曲线，再把活动情况作为标签标注在曲线上。

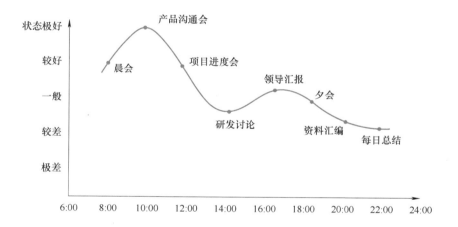

2. 规划时间

高效能的管理者在确定每天具体做什么之前都要问自己 3 个问题，有效排列出工作的优先顺序。

一般来说，建议管理者在早上完成这道程序。当然，对于绝大部分人来说，从离开被窝到走出家门的这段时间可能是一天中最忙乱的时间。因此，除非特别早起，否则很难在早上获得冷静思考的时间。

你不妨试着把这段时间分割成两段——从醒来到下床为第一阶段，从离开床到走出家门为第二阶段。如此分割之后你会发现，忙碌的只有第二阶段，第一阶段其实是空闲的，尤其是对于一些习惯于"赖床"的人来说。即使你没有赖床的习惯，从醒来到下床恐怕也要花费 2 分钟，因为你的大脑需要时间从睡眠的状态中醒过来。你可以利用在被窝里醒过来的几分钟思考一下上图中的 3 个问题。

即使在彻底醒来时还没有考虑清楚，你也可以利用洗漱的时间再思考一下。这样紧迫而完全独立的几分钟时间的思考，将会大大提高你一天的工作效率。当然，如果你属于"醒来就立即下床"的人，那就干脆起来坐在书桌前冷静地思考 5 分钟再去洗漱吧！相信你这样做的效果会更好。

3. 分配时间

在分配时间时，很多人习惯于按照整点时间进行分配，从几点到几点做什么工作。这样的分配方式看起来似乎很合理，实际上并非高效的做法。因为一旦限定了时间，难免会受到它的束缚。比如一项工作在时间到了之后还没有完成，却必须中断进行下一项工作；或者一项工作原本计划用两个小时完成，实际只用一个小时就完成了，剩下的一个小时可能会被视为"可以随意支配的时间"。

与其这样被时间束缚，不如结合工作的轻重缓急和自己的状态好坏对工作进行排序，然后铆足劲儿一件事一件事地去做，做完一件事之后再开始做下一件事。对于能够同时进行的事情，最好一次就解决。比如，在刷牙、洗脸、洗澡、做饭的同时通过音频、视频学习英语，或者午休时间约客户共进午餐并交谈，再或者走路（健身）上下班的路上构思文案，等等。

管理者可以借助时间管理的四象限法则，把每天要做的工作按照紧急、不紧急、重要、不重要的排列组合分成四个象限，如下图所示。

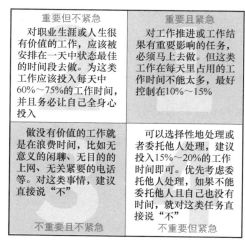

1）第一象限：重要且紧急。一般是指对工作推进或工作结果有重要影响，需要马上处理的工作，比如临近截稿日期的写作任务、即将召开的重要会议的准备工作、客户投诉电话等。

这类工作一般占比不高但必须马上去做，建议投入 10% ～ 15% 的工作时间去处理。

2）第二象限：重要但不紧急。一般是指每天都要做的对职业生涯或人生很有价值的工作，比如和重要客户保持联络、锻炼身体、安排日常工作、每日总结复盘、考 EMBA 等。

这类工作是所有事情中按价值排序前 20% 的事务，应该投入 60% ～ 75% 的工作时间来处理，要被安排在一天中状态最佳的时间段去完成。在这个时间段内，建议你关闭手机，在办公室门口挂上"请勿打扰"的牌子，让自己全身心投入这类工作。

3）第三象限：不重要且不紧急。一般是指没有任何价值、纯属浪费时间的工作，投入的时间尽量不要超过 5%，比如无意义的闲聊、无目的的上网、无关紧要的电话等。

对这类工作，建议直接说"不"，把时间投入到更有意义、更有价值的工作中。

4）第四象限：不重要但紧急。一般是指需要立即处理但也可以不处理或者委托他人处理的工作，比如形式主义的会议、接待突然到访的小客户等。

这类工作可以选择性地处理，建议投入 15% ～ 20% 的时间。如果可以委托他人处理，则尽量交给他人。在委托他人做事时，说明做法以及你的意图，这样才能确保对方准确、高效地完成任务。如果不能委托他人处理，就根据自己是否有时间来决定是否处理。如果没有时间就直接说"不"，千万不要因为"怕得罪人"而浪费自己的时间。

借助四象限法则对当天的工作进行区分和排序之后，管理者就可以列一张当天的工作表，然后开始行动。每完成一项工作就用红笔在计划表中划掉，每划掉一项就意味着"这项工作已经完成"，此时心中的成就感和满足感会激励你继续完成下一项工作。如果当天没有全部完成计划表中的所有工作，不要于心不安，因为照此办法完成不了的，说明已经超出了当天的负荷，即使用其他办法也是做不了的。

【行动地图】

日清工作表（20××-02-28 星期一）

说明：在工作告一段落时记录工作进展。

顺序	一定要完成的工作	重要程度	紧急程度	完成情况	备注
1					
2					
顺序	紧急任务／临时任务	重要程度	紧急程度	完成情况	备注
1					
2					
顺序	有时间就完成的工作	重要程度	紧急程度	完成情况	备注
1					
2					

3.2 减法：—背上琐事，屏蔽干扰

在提升管理效能这条路上，无论我们的时间规划和管理做得多么细致，都难免会被不时出现的外来干扰打乱。这些影响管理效能的外来干扰无处不在、无时

不在。学会减掉这些干扰，也是我们必须要进行的修炼。

今天陈北北也像往常一样早早地到了办公室。她准备好一杯咖啡，回到座位边，拿出当天的"日清工作表"，正想开始工作，自己的手机就响了起来。陈北北拿起手机一看，是自己大学里的同窗好友赵小陌。陈北北决定不接电话，因为她知道赵小陌肯定不是来聊工作的。但是电话一直非常执着地响着，陈北北犹豫了一下，还是无奈地拿起了电话，刚"喂"了一声，电话那端就传来了赵小陌略带哭声的倾诉……一个小时之后，好不容易在陈北北的开导下，赵小陌挂断了电话。陈北北长吁了一口气。

陈北北重新梳理思路，决定无论如何今天都要着手团队产品的设计工作，这是公司级重要项目，如果不按时完成，会影响到整个项目的开展与实施。陈北北刚打开电脑，一个下属急匆匆地过来，说："陈经理，如果你没什么事的话，我想跟你聊聊 ×× 项目的问题。"陈北北点点头，示意他坐下。下属坐下之后就开始说："×× 项目现在遇到了很多问题，第一个问题是……第二个问题是……第三个问题是……陈经理，你看怎么办？"陈北北认真地听完，然后又花了一些时间了解具体情况，最后针对每个问题都给出了解决办法。当下属满意地离开，陈北北才发现，又是一个小时过去了。

她喝了口已经凉透了的咖啡，站起来打算走一走，刚离开工位，就碰上隔壁组的经理赵亮。陈北北打了个招呼，赵亮就开始倒起了苦水："你不知道我现在过的是什么日子，5+2，白 + 黑！我手上有好几个项目同时在进行，每个项目的主管都说自己的项目最重要。每天一到公司，有无数个电话催进度，想专心处理一下工作，又不断地有人找上门，质问'为什么该给的资料没给''该给的计划没给'……"陈北北听得心生感叹，这和她自己的经历何其相似。不过，她立刻回过神来，还有很多事等着去做呢，于是匆匆打断赵亮的吐槽："先不说了，改天咱们好好聊。"这时，一上午的时间差不多已经用完了。

虽然陈北北做了"日清工作表"，也有完成重要紧急工作的决心，但依然没有提高自己的管理效能。无论是她还是赵亮，影响他们管理效能的都是一些看起来"用不了多少时间""不应该由我承担却无法拒绝"的事项。我们可以把这些事项分成两类：一类是毫无价值的琐事，另一类是替下属承担责任的"背上的猴子"。管理者要想提高管理效能，就必须懂得在工作中减去这两类事项。于是陈北北绘制了一张"时间干扰曲线图"（如下图所示），并把它和前面的每日效率曲线图结合起来使用。

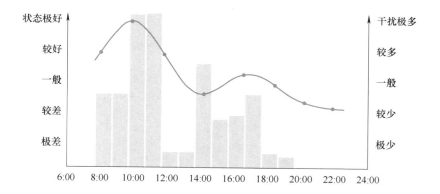

从上图可以看出，一天中受到干扰最多的时间段是10:00—11:00。而在前文展示的效率曲线图中，这个时间段恰恰是状态最佳的时候。如果可以减去被琐事和"背上的猴子"的干扰，抢回这个时间段的主导权，用来处理更有价值的工作，管理效能将会得到极大的提升。

【行动地图】有效抗干扰的技巧

1. 完善准备

保证所需要的办公用品触手可及，保持办公环境的干净整洁，杂乱的办公桌会严重地分散注意力。

给水杯里倒满水，这样就不会因为频繁去接水而分散注意力。

2. 学会拒绝

"很高兴你来找我帮忙，可是我手边正好有事情在忙。可不可以晚一点再谈？下午三点怎么样？"

"我很乐意帮忙，可是能不能等我把手边的事情做完？我想大概不用一个小时。"

"我很愿意协助你，可是我要到明天晚一点才有空。你愿不愿意那时我们再碰个面？"

3. 隔离自己

设置免打扰时间，集中时间处理重要工作。

微信等聊天工具要彻底退出。

关掉各种 App 的提醒推送功能。

4. 控制电话

开场白尽量简短。比如："我打这通电话是为了……""很高兴接到你的电话，请问有什么事是我可以效劳的？"

巧妙地打断废话太多的电话。比如："我现在有客人，有事请直说。"

简短而不失礼地结束电话。比如："不好意思打扰您许久。""我需要回去

55

工作了，5分钟后，我还得主持一个会议。"

5. 放下"猴子"

事先告知下属未来某个任务的具体时间。比如："请你在周五16:00报告工作结果。"

提高下属的主动性。比如："请你带着解决方案来找我讨论问题。"

3.3　乘法：× 自律自控，自我管理

作为一个团队管理者，除了提升自己的效能外，还要关注如何提高团队的效能。不少管理者在提到团队工作效能时，会有一肚子怨气。比如，下属A总是拖拖拉拉完不成任务；下属B经常因为各种事情请假，严重拖累了团队的效率；下属C虽然有3年的工作经验却一点长进都没有，业务水平还停留在3年前……听起来这些下属真的是导致团队效能低下的"罪魁祸首"。但事实上，团队的管理者没有在这些事情上表现出带头示范作用，往往是影响下属效能的根本原因。

随着进入职场的新一代员工自我意识越来越强，凭借权力的传统管理方式不再奏效，新时代的管理者需要通过自律和自控来塑造个人魅力，进而影响团队成员，共同提高工作效能。让自己在效能管理中做到的加法和减法，在团队面前表现为更具体的自律自控时，团队的管理效能将成倍增长，威力无穷。

那么，管理者如何做到自律呢？这涉及工作和生活的方方面面，小到早起，大到开会，都和自律息息相关。下面我们仅就对团队效能影响比较大的几种自律进行重点介绍。

1. 行动上的自律

高效能的行动管理，要求管理者养成良好的工作习惯。

首先，要厘清工作目标和方法。

工作前必须厘清的 3 个问题

我现在的工作必须做哪些改变？

我应该从哪个地方开始做起？

我可以借助哪些工具与资源完成这项工作？

对于上面 3 个问题，管理者不仅要问自己，还要问团队成员，以此帮助自己和团队成员厘清工作目标和方法，提高行动效率。

其次，要保持整洁有序的工作环境。

如何保持整洁有序的工作环境？

办公桌面：清除不必要的东西——相片、饰品，把它们放在对工作行为没有干扰的地方。让每一件东西都有自己的位置，并且始终做到"物归定位"。

办公文件：分成 3 类——立即处理的公文、正在实施的计划；长期的计划；保留的公文、参考资料。

清爽舒适的工作环境是高效工作的保证。在这方面，管理者首先自己要做到、做好，然后再引导团队成员逐渐养成保持整洁有序的工作环境的好习惯。

最后，要时常思考。

高效能经理人的思考方法

凡事多问"为什么"。比如,"为什么这件事要这样做,有没有更好的方法?""为什么下属A总是拖延,是能力问题还是习惯问题?"。

不断逼近问题的本质。唯有找到问题的本质才能真正有效地解决问题,所以在探求"为什么"背后的答案时不要浅尝辄止,要不断追问并寻找答案。比如,下属A总是拖延的原因是能力不足——具体是哪项能力不足呢?——沟通能力不足,导致他在遇到困难时难以有效地寻求帮助——我该怎么帮助他呢?……

2. 学习管理

学习能力不仅是管理者个人实现高效能的动力,更是其所带领的团队高效发展的动力。因此,管理者应该不断提升自己和团队的学习能力。

以下为6种终生学习的实践方法。

1)自觉学习:反省检讨自己的心结在哪里、盲点是什么、有哪些瓶颈需要突破,这是自我精进的关键途径。

2)流通学习:与人分享的越多,自己将会拥有的越多。

3)快乐学习:终身学习就要快乐学习,开放心胸并建立正确的思维模式,透过学习让自己做好心理准备去应对各种挑战及挫折。

4)改造学习:自我改造,通过学习向创造价值和降低成本努力,这种改造的效果往往是巨大的。

5)国际学习:面对无国界管理的时代,不论是商品、技术、资金,还是资讯、人才等，皆跨越国界流通。因此，身为现代管理者，学习的空间也应向国际化扩展，开创全球化学习生涯。

6）自主学习：除了做好原本的生活和工作规划，也要自主地选择新的学习项目，安排自主学习计划，从而迎接各种挑战。

3. 健康管理

狭义的健康管理仅指在医学领域的针对个体或群体的身心健康管理。广义的健康管理是建立在生理学、心理学、组织行为学等学科研究基础上的对个体和组织发展完善状态的研究和实践。

一个人的健康状况不仅决定了个人在工作中的状态和效率，还决定了在生活中是否有精力从事爱好、陪伴家人。一个组织的健康发展不仅决定了组织未来的发展前景，还决定了组织内部的工作氛围、人际关系、工作效率等。因此对于管理者来说，不仅要做好狭义层面的个体身心健康管理，还要做好广义层面的组织发展健康管理。

对健康进行评估的技巧

1. 对个体的关注要素：行为、营养、关系、环境、心理等

首先，通过关注个体行为、营养等方面来评估身体健康状况。比如，是否有经常熬夜、喝酒的不良行为，是否只喜欢吃肉食拒绝吃蔬菜导致营养不均衡等。

其次，通过关注关系、环境、心理等方面来评估心理健康状况。比如，和亲人、朋友、同事的关系是否和谐，居住、办公的环境是否让你感到心情愉悦等。

2. 对组织的关注要素：行为、关系、环境、个体健康能力、效率等

首先，通过关注组织内部的行为、关系、环境等方面来评估组织行为的健康状况。比如，下属是否可以保质保量地完成任务；组织成员之间的关系是否和谐、融洽；工作环境是否舒适；等等。

其次，通过关注组织成员的个体健康能力、效率等方面来评估组织发展的健康状况。只有组织成员的身体和精神健康，才能应对压力，高效工作，助力组织快速发展。

对健康状况进行评估只是健康管理的第一步，基于评估结果，对不利于健康因素进行改变，才能真正实现健康管理。

个体健康管理的技巧

1. 找到适合自己且能够带来乐趣和满足感的锻炼方式，坚持锻炼并且坚持记录自己的进步。

2. 适当控制食量，保持"八分饱"的状态。

3. 培养好睡眠。找到让你早上醒来感到神清气爽的睡眠时间和睡前习惯。

4. 接受不完美的自己，你是世界上独一无二的存在。

5. 建立同理心。如果和对方意见不一致，先试着从对方的视角看问题，理解他的感受和想法。

6. 良好的关系来自良好的沟通。刻意练习语言和非语言表达。

组织健康管理的技巧

1. 了解每一个下属的能力所在，并针对他们的优势委派工作。

2. 指导下属做好工作计划，并按照计划对工作进度和质量进行把控。

3. 关注并努力调解组织成员之间的冲突。

4. 努力打造舒适的工作环境，即使是灯光这样的小事也不要忽视。

5. 在压力时刻，关注并帮助下属调整身体和精神状态。

4. 关系管理

每个人都在关系中工作和生活。良好的关系会为我们带来愉悦、高效，不良的关系则会为我们带来无尽的烦恼。关系管理的本质是平衡，保证自己处在一种良好、和谐的关系中。

对于管理者来说，最难处理的关系就是工作和生活的关系。尤其是女性管理者，经常会面临如何平衡职业女性、妻子和母亲等角色的问题。那么，如何通过管理自己的时间、精力、情感以到达和维持工作和生活的平衡状态呢？

平衡工作和生活的行动指南

1. 从时间和空间上将工作与生活分开，建立工作与生活之间的界限，并有意识地维持平衡。

2. 工作时就追求并享受成就感，生活时就追求并享受温馨感。

3. 管控自己的情感和情绪，不让一方的困扰影响另一方。

4. 必须暂时放下一方时，就将全部精力投入另一方，待事情出现转机后再适当调整至平衡。

5. 会议管理

我们都知道，无效会议是管理者提高管理效能的一块绊脚石。很多团队会议面临"会而不议、议而不决、决而不行、行而不果"的情况。那么，管理者如何才能做好会议管理，提高会议效能呢？

召开高效会议的技巧

1. 根据会议内容决定会议时长。除了某些专业性的有固定流程的会议，会议时间不要超过半个小时。如果半小时开不完，说明会议内容太多了，或者开会频率太低。一般来说，宁可高频开小会，不要低频开大会，最好一事一议，一次控制在20分钟以内。

2. 控制与会者人数。控制出席会议的人数不仅可以有效降低会议成本，还能够避免不必要的争端，提升会议的效率。所以，在确定与会人员时一定要谨慎选择，非必要不邀请。

3. 有明确的目标、议程。除了头脑风暴会议，任何会议都要有明确的目标和议程，这样才能有的放矢、提高效率。会议进行时，管理者可以在白板上写出议程的内容，同时加粗相应的关键点，在讨论的过程中，不断提醒大家这个会议的目标是什么，不要偏离主题。

4. 提前发送会议通知和相关材料。虽然这可能为会议组织者带来额外负担，但能为参会者大大降低时间成本。千万不要把熟悉文档这种事带到会议上，这样做是对会议有准备的那些人的惩罚。

5. 准时开始，并且尽可能站着开会。要想会议高效，必须准时开始，对迟到的参会者有明确的惩罚措施。

站着开会，更容易激发灵感，避免瞌睡，还会促使与会者踊跃地提出问题和建议，讨论效果提高了，得出结论也就快了。

6. 做好会议记录并发给相关人员。始终要牢记：开会是为了落实！如果会议结果不能转化为实际工作，那么会开得再好也等于零。为了保证会议精神落实到工作中去，会议结束后应该尽快将会议记录和决议整理出来发给相关人员。

【行动地图】自律和他律

提醒自己做到自律：例如，精神饱满的部门总经理李大为的手机里有他自己制作的各种表格，比如学习计划表、读书计划表、日清工作表、健身计划表、"家庭日"事项安排表等。

为自己营造他律的环境：例如，雷厉风行的高级经理陈北北，让自己周围的环境时刻提醒自己。领导的催促："陈北北，周三必须把方案交给我！"朋友打电话："小北，17:00 去健身别忘了！"。她还设置整点闹钟、利用计时沙漏等。

3.4 除法：÷ 原点迷茫，目标清晰

如果说前面三节我们都在力争追求得分最大化以实现管理效能的提升，那么本节我们将讨论如何避免因缺失目标感而让得分断崖式下降。假如你对要去的目的地不清楚，那么你很可能会抵达另一个地点，而且还不知道自己走错了目的

地。这是管理团队的大忌，所以，管理者要务必做好目标管理，除掉"迷茫"，才能带领团队到达正确的地点。

今天是情人节，陈北北和男朋友约在一家餐厅见面，19:00 共进浪漫的晚餐。男朋友特别强调，不能迟到，否则预约的包间就会被取消。可这天是工作日，陈北北必须去上班，还有一堆工作等着她处理。因此一大早，陈北北就开始想这一天自己要如何做晚上才能准时赴约。

陈北北一到公司，就着手制作了一个结构化的目标管理表，如下表所示。

目标管理环节	主要内容
目标	17:30 完成当天的工作，准时下班，准时赴约
计划	制订当天的工作计划：11:00 完成 A 任务，14:00 完成 B 任务，16:30 完成 C 任务
执行	按照当天工作计划执行
检查	午餐时检查工作进度
对策	提高速度，寻找可留到明天做的工作
风险对策	①留下 1 小时作为风险预防；②不与上司对眼神（避免追加工作）

陈北北按照目标管理表执行，结果到 14:00 的时候 A 任务还没有完成，到 17:30 的时候她还在 B 任务中挣扎，根本不可能准时下班。陈北北为什么没有实现目标呢？原因就在于她的目标管理是失败的。成功的目标管理包含目标设定、制订行动计划、执行、检查、改善 5 个环节，如下图所示。我们逐一分析陈北北在这次目标管理中出现的问题。

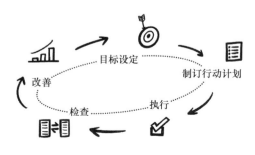

1. 目标设定

有助于效能提高的目标必须符合 SMART 原则。

SMART 原则

S 为 Specific（明确性）：具体清晰的描述。

M 为 Measurable（可衡量性）：如数量、质量、时限、金额等。

A 为 Attainable（可达成性）：不高，也不低。

R 为 Relevant（相关性）：基于实际情况可实行的。

T 为 Time-bound（时限性）：明确达成时限。

上述案例中陈北北设定的目标"17:30 完成当天工作，准时下班，准时赴约"显然不符合 SMART 原则。完成当天哪些工作？工作的数量、质量有哪些要求？这些问题都没有回答。所以，陈北北从目标设定这个环节就出现了问题，这也是导致其目标管理失败的根源。

2. 制订行动计划

有效的行动计划必须遵循一致性、共享性、可视化原则。

一致性：始终以达成目标为宗旨。

共享性：将行动计划和其他团队成员共享，既可以通过"他律"督促自己严格执行计划，又可以和其他团队成员之间建立协作关系。

可视化：制作详尽、清晰的行动计划表，如下图所示。

	任务		4月	5月	6月	7月	8月	9月
风险系数体系设计	1.风险系数模型设计	4.1-5.31						
	1.1确定风险覆盖领域	4.1-4.30						
	1.2跟踪风险领域要素	5.1-5.15						
	1.3建立风险要素跟踪评估体系	5.16-5.31						
	2.风险系数接入实践	6.1-6.30						
	2.1接入贴吧风险管理体系	6.1-6.15						
	2.2接入其他UGC接口化风险管理服务体系	6.16-6.30						
	3.风险识别体系建立	7.1-12.31						
	3.1风险识别体系标准化	7.1-8.31						
	3.2风险识别体系系统化	9.1-12.31						
			正常		有问题		有严重问题	

上述案例中陈北北制订的工作计划非常简单，仅仅是将3个工作任务进行了一下时间分配，既不具备共享性，也没有可视化，对于实际行动不具有指导意义。

3. 执行

执行是目标管理中最核心的环节，只有真正执行起来，才有达成目标的可能。在执行环节，管理者要抓住以下几个关键动作：

1）高效执行始于专注。专注于达成目标，少许诺、多兑现。

2）严格按计划执行，别把计划当成一纸空文。如果自律性不够，不妨共享行动计划，借助"他律"的力量高效率执行。

3）始终保持坚强的意志，不论遇到任何困难都一往无前。

4）始终保持高度的责任心和热情。

4. 检查

计划执行一段时间之后，就需要做好检查工作。检查的关注点主要是两个方面的差异，一个是目标与实际的差异，另一个是计划与执行的差异。

首先是做目标与实际的差异分析。这一分析的结果往往让人大吃一惊。

从上图我们可以看出，从目标到实际的过程中还有计划、日程、执行三个环节，每推进一个环节，目标就会有所缩减，最终导致实际结果还不足目标的三分之一。

其次是做计划与执行的差异分析，让执行始终跟随计划，不能掉队。

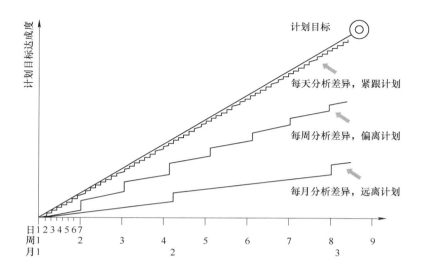

从上图中我们可以看出，在执行的过程中，虽然我们每天工作的完成情况都非常接近计划的期待值，执行情况和计划并没有太大的差异，但是当以周为单位进行对比时差异就非常明显了，而以月为单位进行对比时差异更大。因此，要想达成目标，不仅要对计划、日程、执行、实际结果进行检查，还要按照不同的时间频率分阶段进行检查。

5. 改善

一旦在检查中遇到问题，就要立即采取行动进行改善。根据问题性质的不同，可以采取两种不同的改善对策，一是弥补对策，二是根本性解决对策。

弥补对策是一种临时对策，旨在消除差异。比如，陈北北在午餐后对工作进度进行检查，发现原计划在 11:00 完成的任务 A 实际只完成了 90%，至少还需要1 个小时才能全部完成，这就意味着任务 B 和任务 C 的完成时间都要推迟，她将很难达成 17:30 准时下班的目标。这个时候，她就需要进行应急处理，采取一些弥补对策，例如把不着急又耗费时间的任务 B 列入明天的工作计划。

根本性解决对策是一种永久性的、防止复发的预防对策，旨在从根本上消除造成差异的原因。管理者可以借助 PDCA 循环工具寻找根本性解决对策，PDCA 是四个单词首字母的缩写：P-Plan 计划，D-Do 执行，C-Check 检查，A-Action 处理行动。PDCA 循环的 8 个具体步骤如下图所示。

PDCA循环的8个步骤

【行动地图】管理者设立工作目标的 7 个步骤

1. 正确理解公司的整体目标。

2. 制订符合 SMART 原则的目标。

3. 检验目标是否与上级的目标一致。

4. 列出可能遇到的问题和阻碍，找出相应的解决方法。

5. 列出实现目标所需要的技能和需要得到的授权。

6. 列出为达成目标所必需的协助和外部资源。

7. 确定目标完成的日期。

带团队

第 **4** 章　选人用人的加减乘除

在选人用人的管理能力上，因岗定人是起到"加法"作用的基础能力。这要求管理者基于战略目标和业务发展方向，通过内部选拔或外部招聘的方式，匹配合适的人才。在此基础上，管理者要"减去"盲目选才，在选拔人才的时候避免风险，提升招聘的成功率。并且管理者要利用慧眼识人的能力，让选人用人的成效"倍增"，因为只有"伯乐常有"才能实现"千里马常有"。此外，及时"除去"不能胜任工作的员工，对管理者也是很重要的管理手段。管理者要及时决断，有效地做好淘汰管理。

本章 公式

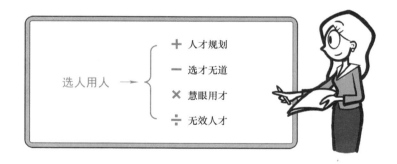

4.1 加法：＋人才规划，因岗定人

人才在公司的成长是符合周期性规律的。从外部招聘或内部引进人才，进行持续的培养，使用必要的手段保留核心的人才，在需要时行使淘汰管理的手段，这几个步骤完整地表述了人才管理的全周期过程。对于一家企业来说，人力资源

是非常大的资本，尤其是知识密集型的高科技企业。让合适的人去合适的岗位、产出价值，依据业务的发展让人才快速地轮岗、转岗，激发个体释放潜力，这些都是管理者的重要职责及任务。

1. 如何制订人才规划

人才规划不是人力资源的独角戏，而是人力资源伙伴和业务管理者通力合作的人才战略规划：从业务规划出发，到人才识别，再到人才需求预测，最后评估并决定采取外招、转岗等手段引进人才。公司应分析现有的近期目标和远期目标，从而提前规划人才缺口。

作为管理者既需要关注当下的绩效差距，即将现有的绩效表现和既定的绩效标准做对比，进行持续改善和绩效补救，也需要关注公司未来的战略设计和当下经营结果之间的差距，找到新的突破点。正如英国作家毛姆所言："只有平庸的人才总是处于自己最满意的状态。"除了绩效差距，还有一个更重要的差距——机会差距。当有更大的战略空间存在时，我们却没有看到，而是满足于在现有的空间里生存发展，这样就产生了机会差距。绩效差距靠执行就能弥补；而机会差距光靠执行是不够的，还需要有全局的战略再设计和系统的执行方案。

举一个瑞幸咖啡的案例。2020 年，瑞幸咖啡线下门店有 5000 多家，当时其面临的绩效差距是要在 2021 年的时候，全国的门店数超过星巴克。所以它主要的业务方向是拓店，于是到 2023 年年中，瑞幸咖啡的门店数已经达到 10836 家，超过了星巴克的 6500 家。在这样的绩效差距补救过程中，所需要的人才规划是店长、店员以及有线下门店选址、运营经验的人才等，因此可以设计出一张如下表所示的人才规划表。

岗　　位	需 求 人 数	已 有 人 数	差　　额	内 部 培 养	外 部 招 聘
店长	10000	5000	5000	?	?
店员					
运营					

而从机会差距来看，瑞幸咖啡要在3年内在国内市场收入和利润上全面超过星巴克。所以它需要做的是从品类、营销、门店、效益、竞争、战略、供应链等各个方面通盘设计，那么所需要的人才的缺口就是做市场营销的人才、做产品种类的食品研发人员以及上下游供应商，这时的人才岗位缺失以及需求就发生了变化。可以结合业务场景需求，再设计出如下表所示的人才规划表。

岗　　位	需 求 人 数	已 有 人 数	差　　额	内 部 培 养	外 部 招 聘
营销人员					
研发人员					
市场人员					
供应商					

瑞幸咖啡在经历过整个管理层大换血之后，现在开启了"全品类战略"，除了咖啡，还进入茶饮（小鹿茶）、果汁、坚果、轻食、烘焙品类市场，搭建一个"以咖啡为主打"的多品牌、多品类、多场景、多渠道的"休闲食品和饮品平台"。因此，人才缺口与公司战略是息息相关的。公司要基于战略规划，审慎分析人才需求和人才供给，评估自身人才后备实力及风险。

2. 如何基于岗位确定人员

最初企业有了战略目标，然后将战略目标拆解到业务目标，再细分到各团队负责执行什么任务。那么，这个任务具体需要由什么类型的人来完成？人才的画像是什么样的？人才需要具备怎样的能力、性格特质、动机、价值观？这样就形成了很清晰的岗位工作描述，人力资源与业务经理也就可以按图索骥，确保寻找到的人才的能力符合公司战略目标和岗位业务要求。

在精准识别阶段，人力资源与业务经理可以参考 TOP 模型（Talent 是指个人才干、Organization 是指组织需要、Passion 是指工作热情），三者交集越大，员工的才华越被企业需要，对工作越充满热情，员工越能与企业长长久久相伴发展。

陈北北的团队最近接手了一个相当有难度的项目，但手上没有富余的人力，决定通过外部招聘选拔人才。来了以下几位候选人。小 A 有主动性，做事心细，考虑周全，敢担责任，技术能力比较突出。小 B 很积极主动，也不怕辛苦，可是搞不定的事太多。小 C 很踏实憨厚，听从命令，但能力一般，工作上比较被动，不跟进就会滞后。小 D 工作时间最长，经验老到，业务能力强，但总是问这里的工作强度如何，不太有热情。根据几位候选人的综合表现，再结合业务难度，最后陈北北认为小 A 目前比较匹配。如下图所示：小 A 具备完成任务的才干，对工作也有热情，同时认可公司的文化价值观，属于交集员工。

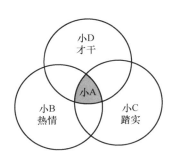

每一种业务的每一个岗位面临的挑战不同，选择的人员侧重点也会有所不同。管理者心中存好一张人才卡片（如下图所示）也是至关重要的，未来在缺少人才的时候可以从自己的人力资源库里快速匹配。也许这次很多候选人没被选上，但日后有了新的业务、新的任务，这些人才也会不断地发展进步，没准哪一天大家就又走到了一起。

姓名		部门		照片
岗位		职级		
工龄		学历		
近期绩效		价值观匹配分数		
晋升情况		海外经历		
工作履历				
YYYY/MM-YYYY/MM工作单位 职位 YYYY/MM-YYYY/MM工作单位 职位				
学习经历				
优势				
待发展领域				

【行动地图】

1. 整理远期目标、近期目标，实现目标要完成的任务，业务流程中需要的人力和能力。

2. 预计公司绩效差距、机会差距，做人才缺口预测。

3. 基于人才的 TOP 模型匹配度，圈定合适的候选人。

4. 整理、记录面试过的以及在岗员工的相关信息，存入人才卡片。

5. 对于核心人才保持长期观察与人脉存续。

4.2 　减法：一选才无道，精准提问

"青青子衿，悠悠我心"这句诗在曹操的《短歌行》里代表了对贤才的渴求，说到招聘的困扰，其实古代就有姜太公在渭水边钓鱼钓了很多年才"钓"到他要辅佐的人的故事；刘邦御驾亲征，平定叛乱，衣锦还乡之时，最困扰他的也是招聘——安得猛士兮守四方。"加法"中讲到的人才规划是企业运作发展的基础，可以为企业持续招贤纳士；是企业新陈代谢的基础，可以帮助企业持续优化人员架构；是企业弥补差距的方式，可以通过招聘短时间内弥补某些业务短板。招聘是支持人才规划的有效手段之一，一旦选才无道，就会减少人才的进入，起到减法的作用。

说起招聘的辛酸，每个管理者应该都遇到过。比如，本想招个伙计，结果招了个掌柜；想招个会干活的，结果招了个会面试的。想招个"顶梁柱"，结果招了个"靠不住"。之所以会出现这些问题，是因为面试选才没有做好。人是一种非常复杂的动物，短短 60 分钟的面试只能让招聘者看到应聘者的冰山一角，但真正能决定这个人长期表现的是冰山之下的部分。对应聘者来说，他的准备工作就像给自己穿装甲，又像给自己加了一层又一层的滤镜。如果招聘者想一层一层地剥开看到真正的应聘者，需要不断地探寻与提问。对于有些过度包装自己的应聘者，招聘者若想看到他的素颜，还得用些专业工具。

1.　基于行为提问

业务目标是由任务组成的，行为又是完成任务的子元素，可以运用 STAR 工

具（如下图所示）抽丝剥茧地对具体行为持续提问，了解对方真实的业务表现，考察候选人的能力与意愿动机。

Situation——当时的情况怎么样？（判断候选人做的事情的含金量）

为什么要这么做？什么时候做的？在哪里做的？

主要的问题和困难在哪里？

有什么数字可以衡量当时的情况吗？

Task——当时的任务是什么？（梳理任务的难易程度）

是你主动发现的这个问题还是领导交代的任务？

这个任务具体是什么？

你在这个任务中承担什么角色？

Action——你做了什么？（看候选人做事独立完成情况）

你是怎么分析的？与谁一起做？

这个决定需要谁批准？你是怎么说服其同意的？

你个人具体做了什么？

花费了多长时间？主要克服了哪些困难？

Result——结果怎么样？（事情的影响大小与范围）

有什么数字衡量？

客户有什么反应？有没有提供后续服务？

有没有总结经验教训？

每一个行为事件的澄清点上都有很多可以匹配的问题，通过提问看候选人回忆的清晰程度、参与的程度，以及自己独立完成的情况，还可以判断出是否是艰难型项目等。

2. 基于意愿动机提问

我们在招人的时候需要从几个维度来考察候选人，包括候选人的能力、知识、个人意愿和过往成绩。其中能力、知识、过往成绩都有相对客观的数据与资料支撑，用好这些信息就能快速分辨。但候选人意愿、动机并不容易被看出来。

陈北北团队曾经遇到这样一个候选人，她的背景履历、学历都很不错，面试的过程中问答都很顺利，答案也非常标准。但当问道："我看到你的简历上写着在非洲工作了两年，能不能展开讲一下这段经历？"候选人突然笑得非常开心，说自己当时在非洲是做与政府关系相关的事情，需要在非洲漫山遍野地跑，以至于把自己的摩托车技术都练好了。这与前半段面试呈现了很大的差别。"那这件事为什么给你如此大的乐趣呢？"继续深入地聊了聊，发现她最有成就的时候就是在非洲工作的这两年，回国之后一直不是很开心，觉得坐办公室不自由，如果有机会还是想做驻外的工作。至此，陈北北明白她对这份坐办公室工作的个人意愿并不强，最后也没有录用这位候选人。那这个案例折射出来的是什么呢？候选人的能力很重要，知识很重要，但有一点更重要，就是个人意愿。识别候选人的真实意愿不能依据候选人说自己想不想要做这份工作，而是需要判断候选人对这份工作有没有热情，询问其长远计划，看看他个人的未来构想里有没有企业与团队的业务，如果没有，其意愿度和动力可能就有问题。如果候选人对这份工作没有意愿和热情，那他可能就不是一个合格的候选人。

关于候选人的意愿与动机，可以尝试通过以下几个问题来探测：

对公司有哪些了解？

怎么看这个行业？

怎么看这份工作？

接下来 2～5 年，你想得到什么样的成长？

喜不喜欢这个岗位？——看对方的眼神回避还是冒光。

未来的职业规划是怎么样的？

在需要做出一些选择的情况下，什么是你无论遇到怎样的艰难和困苦都不能舍弃的最重要的东西？

选才的过程中我们要识别他能否做到，而不是他能否认识到，知行合一是一种挑战。用过去成功的行为预测未来的成功，是目前最好的依据。管理者通过提问考察候选人的能力维度，只有问出准确的问题，才能得到想要的答案，进而用答案进行预测。

【行动地图】

1. 确定要考察的能力维度，到达行为层、意愿层，还是动机层。

2. 根据不同的维度、层面设计问题库，判断其所具备的知识、能力、过往业绩及动力因素。

3. 运用有效的面谈收集相关的内部、外部候选人资料，并使用正确、可信的标准进行资料分类及评断。

4. 将候选人能力的强项、弱项与选才条件进行比较，并决定候选人是否该进入下一阶段的选才流程。

4.3 乘法：× 慧眼用才，相马赛马

彼得·德鲁克指出："用人所长是卓有成效的管理者必须具备的一种素质，是一个组织工作是否有效的关键，也是知识工作者和社会不可或缺的素质。"千里马常有而伯乐不常有，管理者得练出一双善于排兵布阵的慧眼。用人是一项技术，这项技术需要用一把"标尺"来衡量，"标尺"的准确性越高，人才选用越精准。很多成功的高管都用兵如神，看人很准，能让团队成员把小车拉成大车，既把业务的难题解决了，又让自身的能力得到提升。

关于调兵遣将的故事，自古就有。在田忌赛马的故事中，第一局田忌派出了自己的下等马，对阵齐威王的上等马。结果可想而知，田忌输掉了第一局，齐威王十分得意。第二局，田忌派出了自己的上等马对阵齐威王的中等马。结果，田忌赢了第二局。第三局，田忌派出自己的中等马对阵齐威王的下等马，田忌又赢了第三局。三局两胜，田忌在这场赛马比赛中战胜了齐威王。明明必输的一场比赛，却因田忌聪明的布局而获胜。商场如战场，人多了就需要排兵布阵，目标是实现公司的战略。如果员工为企业产出的价值大于公司支付的人力成本，那么公司在人力管理方面就是优秀的。

管理者需要以发展的眼光看待人才，绩效结果是很好的佐证。一个人过往有哪

些成功的经验，为组织创造了怎样的价值，具备哪些关键技能，项目经验丰富到什么程度，这些都可以阶段性地呈现出来。对一个人当下的判断叫作准确度，判断的内容包括与企业文化的适应、自我岗位角色的认知、现有能力的现状等。而一个人未来在企业是否能持续长久地发展，则要观测其潜质。总之，把人放在过去、现在、未来三个维度去不断地观察，会让你在任用员工的时候更加游刃有余。

1. 从过去的绩效中求证

人才的使用是一件中长期的事情，过去的行为结果看绩效，面向未来的表现看潜质。团队成员经过长期的绩效观察，积累了连续的绩效表现结果。管理者通过这些结果，可以有效追踪管理团队成员的能力表现，找到高绩效人才。管理者扮演的是催化剂的角色，通过对员工能力特质的深入了解和洞察，因材施教，可以将员工的天赋、才干转化为组织绩效。高绩效人才并非总是高潜质人才，但高潜质人才往往是高绩效人才。

绝大多数公司的绩效情况服从正态分布。然而，为了培养"你追我赶、争当先进"的氛围，很多公司还会进行强制分布。相对公平的绩效评价结果，可以让业绩优秀的人脱颖而出。利用评价结果区分不同的员工，可能会让后 10% 的员工离开，而不区分可能会让前 10% 的优秀员工离开。有了比较客观的绩效分布之后，管理者也能更好地管理人才。长期处于前 10% 的员工是明星员工，中上部员工是未来比较有潜力的员工，有机会日后快速成长为绩优员工。

在一次前 10% 绩优员工评选结果出来后，陈北北为员工阿度的绩效事迹做了宣传，不料却收到了几个其他员工的负面反馈，内容竟然是对阿度的投诉。投诉内容包括：①根据阿度的绩效事迹，看不出明显超出绩效目标的成果；②从平时阿度的工作完成情况来看，并没有明显比其他同级人员强。回顾绩优员工的评选过程，我们能发现原来是评选结果按比例控制带来的问题。该部门在评出其他明显绩效杰出的员工后，还有一个绩优指标，阿度过去两年都非常努力，表现虽不算杰出但也还不错，于是把最后一个指标给了阿度。那陈北北这样做是否妥当呢？为什么？

其实是不妥当的，陈北北没有公平公正地给出绩优的评选结果，日后自己用绩效盘点人才的时候，挑出来的人选也会有水分。并且，管理者自己也会在团队心目中失去信誉，团队成员会质疑其管理水平、管理能力，以及管理的公正性。用绩效结果识别人是一个持续性的过程，需要对准组织目标，可以为人才选拔和激励提供有力依据。

2. 从当下的准确度出发

没有完美的企业，也没有完美的流程与制度，更不会有完美的员工。选出当下最适合的人，参与到合适的任务当中去，顺利完成工作，这个结果是最重要的。举一个例子，互联网巨头沸点公司的两名员工 B 同学和 D 同学都很优秀，但是准确度是不一样的，发展也会有所不同。

B 同学在中学时代就表现出对技术的痴迷，组装了自己的第一台电脑。后来，他以优异的成绩考取了双一流院校的计算机专业。在大学中，他不满足于课上的知识，把大部分时间花在刚刚兴起的 BBS 论坛上，很快成长为传说中的风云人物。在读研究生期间，B 同学与朋友合伙，作为技术主力之一创立了一家校园交友网站，在校园内造成轰动。毕业后，B 同学决定继续全力创业。然而经历了一年多时间，虽然吸引了一些投资，但网站向校外人群的推广并不顺利。又过了一年多，眼见更大型的门户网站纷纷开通类似的服务，B 同学决定退出。

适逢此时，沸点公司向 B 同学的小公司抛出了橄榄枝。B 同学抱着"看看大公司怎么做事情"的心态，成了沸点公司研发团队的一名一线经理。

现在，B 同学带领的研发团队人数显著增加。和以前一样，他跟团队成员打成一片，跟他们谈理想、谈发展，放手让他们去独当一面，给他们无私的帮助和指导。不过他很快发现，这里不像在自己的创业公司那样，新团队的所有人都能够全心投入工作。"全情投入才可能成功"，B 同学经常把这句话挂在嘴上鼓舞他的团队，当然勤奋是他招收和评价团队成员的关键因素。B 同学带领的技术团队以优秀的业绩赢得了认可，一年之后，他晋升为二线经理。

晋升之后，B 同学发现自己更多地要面对一线经理，很难再从技术层面指导每个团队成员，而他从前所选择的勤奋敬业的团队成员却未必有能力带好他们的下属。更大的挑战来自大公司复杂的运作方式，现在他负责的团队需要同时支持若干个项目的研发工作，每次确定如何分配人力都是一场混战。他判断力优秀，能看出哪个项目更值得投入，但是要应对为自己的项目拼命争夺资源的产品经理，让他感到十分浪费时间。"我说的明明是对的。"B 同学无奈地想，"这个组织真的适合我吗？"

D 同学品学兼优且人缘颇好，一帆风顺地保送 P 大管理学院管理信息系统专业，才大三就被选为院学生会主席。本科毕业后，虽然 GPA 分数很高也写得一手好程序，但她感到技术工作并非自己最擅长的，于是申请转入管理学院市场营销专业。读研期间，D 同学别出心裁地牵头联合了北京五所名校，组织了一场盛大的营销创意大赛，再次成为学弟学妹传说中的风云人物。研二那年，D 同学加入了 MBI 公司"蓝色之路"实习生计划，在那个暑期成为整合方案销售团队的一员，忙于拜访客户、组织投标，过得紧张而刺激。

毕业后，D同学作为优秀实习生，免试拿到了MBI公司的录取通知书。经过深思熟虑，她婉拒了力邀她加盟的销售团队，而是选择了全球商务技术咨询部门。她感到自己还是更喜欢为客户做一些实实在在的方案，去帮助他们提升业务效率。D同学的选择是正确的，她聪明，技术基础也扎实，在项目经理的指导下很快进入工作角色。与一般的技术人员相比，她特别能够理解客户业务方面的需求，又能用他们听得懂的语言解释技术方案的特点。做咨询项目总是不断地接触新的企业，遇到各种各样的人，这也让她有越来越多的收获。每次做完项目，跟工作无关的业务也了解了一大堆，同很多客户也成了朋友，这让她觉得工作很有意思。很快，D同学被破格晋升为顾问，开始带下属独立承担起一个项目模块的工作。

两年后，沸点公司通过猎头向她抛出了橄榄枝。她知道自己并不是互联网行业的专家，是否要放弃自己在MBI平顺的前途，她为此思考了很久，最终，她决定还是去试试看。她被指定为一个新成立的产品项目的负责人。D同学很快发现自己的技术能力甚至勤奋程度跟同事们都是有差距的，她觉得自己唯有多学多问才能弥补。白天她跟大量用户交谈，高度关注竞争对手的产品，常常组织大家头脑风暴，再设计出有条理的方案。也许是因为她思考全面，也许是因为她一向具有的人格魅力，别的产品经理最头疼的跟技术团队争取资源的事，对她来说倒并不难。夜深人静的时候，她开始翻看自己的小笔记，里面记录了从成功或失败中提炼的经验和思考。两年又很快地过去了，D同学也顺理成章地得到了提升。

看似两位员工都硕果累累，学习背景、个人能力都不错，都会遇到沟通协调、资源抢夺的事情，不同的是他们选择克服与战胜困难的方式不同，一个自己有所动摇，一个努力寻找突破，从当下应对挑战的准备情况来说，D同学会更加成熟稳定。

3. 通过潜质预测未来

识人要有眼光，用人要有勇气，带人要有胸怀。用人要用有潜力的人，而潜力似乎看不到摸不着。绩效是过去行为表现的结果，准确度是当下行为的表现，那么潜质又如何去观察呢？我们可以从多个维度的能力来观察和衡量，就像下面表格中列举的一样。

能 力	定 义	高	中	低
自驱力	有抱负，有理想，渴望获得更高的挑战机会，有向上发展的愿望	有个人理想和追求，主动设定并努力实现挑战的目标，有很强的向上发展的意愿，愿意花费很大的精力完善自我	有一定的发展意愿，追求进步，但目标感和计划性不强，往往不能知行合一	能尽职尽责地完成本职工作，没有追求成功和向上发展的愿望
学习力	有好奇心，能够快速摸清问题和掌握知识，快速应对不明朗的局面	开放，对新事物感兴趣，能快速在新旧知识、技能之间建立联系，掌握速度快，并能灵活运用	能主动向他人请教学习，能较快地理解和掌握新知识技能，但还不能很快自如运用	坚持使用传统方法，对新事物不感兴趣，接受和掌握新知识和技能的速度较慢，应用迁移能力低
洞察力	反应速度快，善于洞察问题的本质，提出充满智慧的想法和方案	反应敏捷，快速抓住别人看不到的问题主旨，在有限的信息下快速准确地决策	通过一定分析，对问题有一定的深入理解，但做出判断和决策尚需更多的信息和花费更多精力	对问题的反应较慢，注重事实和信息收集，但难以看到问题的本质，难以形成判断和决策
意志力	坚韧乐观，能够正确看待压力，在挫折中成长	心态乐观，能够从容应对情绪压力并坚持不放弃，坚强面对失败，复原力强	较为乐观积极，能够承受一定的挫折和批评，但在巨大压力和困难面前容易放弃	较为悲观，面对压力缺乏耐性，遭遇挫折和批评时不能控制消极情绪

在自驱力、学习力、洞察力、意志力这四个不同的维度上打分，通过低、

中、高的分值可以判断候选人潜质。我们不难看出，高潜质的人具有敏锐而灵活的学习习惯，好奇心强，能轻松掌握新技能，善于处理复杂局面，积极主动，不安于现状，乐于尝试不同的方法，勇于挑战极限，承担变革压力。

在处理一个复杂的项目或者解决困难问题的时候，刚开始时情况往往是不明朗的，少有人支持，也很难找到合作之人。如何克服困难推动一个刚开始不受欢迎的新想法在团队内实现，是管理者要长期面对的问题。如果管理者能够在平时基于绩效与潜质做出人才盘点，那么在面对复杂局面的时候，就更容易找到可用之人，从容地排兵布阵。

你也可以用"人才盘点四象限"来把团队员工安放在不同的象限里，如下图所示。第一象限是有潜力且绩效又高的人，属于团队的战略之星；第二象限是潜力一般但绩效突出的人，属于团队的专家型人才；第三象限是潜力不高且绩效也不高的人，可能未来需要转岗或者淘汰；第四象限是目前绩效不高但很有潜力的人，例如没有经验的应届毕业生，这类人会成为后起之秀。

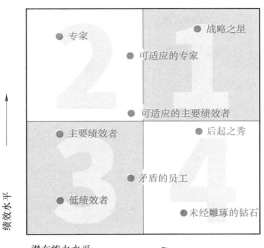

89

通过对盘点结果的进一步探索，管理者可以将不同类型人才的使用场景做一个深度的绑定，如下表所示。

人才类型	用才发展计划
战略之星	高风险快车道，给予最大的挑战，新兴业务，创新型的模式
可适应的专家	加强兴趣拓展，委派组内其他任务
后起之秀	更具挑战性的任务，旧人做新事，新人做旧事
专家	关键专业工作，划定专业范围
可适应的主要绩效者	增强通用性
未经雕琢的钻石	发展性的工作
主要绩效者	培养本职能专业能力
矛盾的员工	谨慎选择下个工作，情绪开导
低绩效者	绩效提升计划，或者淘汰

【行动地图】

1. 关注至少连续两次的绩效结果，通过客观的绩效数据看人。

2. 关注当下人员的表现情况，包括对岗位的适应度和准确度。

3. 通过潜质维度，判断能力强弱，深入了解组织或团队内部人员的特点、优势及成熟度，能够识别和发掘其身上的潜力。

4. 深入了解组织或团队工作的性质，相关岗位的职责、任务。

5. 依据绩效和潜质双维度判断人才定位，制订日后用才的方法，能够把合适的人员放在合适的岗位上，并给予合适的任务以实现组织目标。

4.4 除法：÷ 无效人才，淘汰管理

我们都希望能够实现组织或团队内人岗匹配，使得员工最大限度地发挥作用并感到满足，实现员工与组织共同成长的目标。但实际上，在用人的过程中难免会出现无人可用、现有岗位上的人不合适、合适的人又进不来等情况。这些情况对团队来说是毁灭性的打击。快速除去这样的情况，淘汰无力胜任的人，是提高人才使用率的关键。

作为一个管理者，你有过主动解聘下属或者对不胜任的下属进行调整的经历吗？尤其在商业环境不好或者经济形势下滑之际，企业的生存更加艰难，此期间企业就会进行裁员，通过淘汰冗余的人员及绩效表现不佳的人员来提高企业的生产效率，降本增效。

1. 淘汰管理的挑战

在淘汰不合格员工的时候，员工的心理会产生一些变化。如何应对这些变化，对管理者来说是不小的挑战。一般来说，员工常见的心理变化有三种情况。第一种，心理契约被打破。员工会觉得公司不可信，原来说好的满三年一签的合同，但是现在企业反悔了。第二种，公正感被打破。员工会感觉不公平。"为什么被淘汰的员工是我而不是别人，我认为我不是最差的。"第三种，归因偏差。员工会认为都是公司造成的问题，是公司业绩不好，为什么要由他来承担这样的责任。这三种情况是淘汰过程当中管理者面临的严峻挑战。心理契约被打破的挑

战在于降低了相互之间的信任度。组织中每个员工和每个管理者之间以及企业之间其实存在着一整套的期望，虽然没有写明，但每个人的心理契约在组织行为当中是一个强有力的存在，是不愿意被打破的，一旦心理契约被打破，员工会产生失望、愤怒以及对组织不信任等情绪。所以，公司首先要管理好员工的心理预期。公正感被打破的挑战在于员工可能会陷入一蹶不振的精神状态。员工会质疑："为什么是我？"他会比较其他团队成员的表现跟自己是否一样或者还不如自己。他会更关注程序的公正性："你是如何选出我的，你选我的逻辑是什么？"如果没有一套公平的机制去解释，那么要退出和被淘汰的员工是很难做到心理认同的。管理者需要反思这次调整是否有统一的标准，是否留给员工足够的缓冲期。同时，要感同身受地体验员工失去工作的失望感觉，对他表示足够的尊重和理解，并且以尊重和真诚的态度来跟员工进行沟通。归因偏差的挑战在于员工的固执让问题最终得不到解决。从组织的视角来看，基本的归因偏差是员工的绩效不好，长期没有得到能力的提升，成长的速度也比较慢，同时表现出了能力不足。但是，员工看到的是自利的偏差，会认为绩效不好是外部因素造成的，比如公司的制度、管理者的领导能力、自己所获得的资源不支持做完这件事情。管理者应该减少基本的归因偏差，从企业社会责任角度出发，要考虑到外部因素对员工的影响，也要引导员工减少自利的偏差，帮助其看到自身存在的真实问题，引导积极的归因，让员工聚焦于解决问题本身，让员工相信一个新环境能让自己的能力得到更好的发挥。

2. 如何有温度地沟通

企业在增长放缓、业绩指标提升困难的时候，难免会有提高人效比的需求，那么管理者如何专业而有温度地与被裁员工对话，下面我们来看一下现场：

陈北北：虽然我希望我能带来好消息，但你和我坐在这儿是因为这将是你在公司的最后一周（理解对方的感受，同时清晰地表述事实）。

下属：你要我怎么跟家人解释？（拿出孩子们运动的照片）

陈北北：你很希望得到孩子们的崇拜，做一个好父亲？（展现共鸣与同理心：调整自己的节奏，与对方同频）

下属：是的。

陈北北：你知道为什么孩子们会崇拜运动员吗？（引导而非评价：打破假设，将对方带入新的方向）

下属：孩子喜欢运动员，因为他们追逐梦想，敢于拼搏。

陈北北：我记得你之前告诉过我，你辅修过法国烹饪技术。学生时代很多人会到肯德基这样的快餐店打工，而你却在著名的法国餐厅打工赚钱做帮厨。他们当时给你多少薪水，让你放弃了梦想？你什么时候才会回头做你真正喜欢的料理？

下属：说得也对。（陷入沉思）

陈北北：我见过一些人，一辈子就在一家公司。他们打卡上班、下班，从未有过片刻的成就感。你现在有个机会，这是一次重生。就算不为自己，也是为了你的孩子。

下属：（低头看着孩子照片）

当你决定跟员工做离职面谈的时候，需要进行有温度的沟通。首先，要避免形成对立。要站在员工的角度去帮他规划设计，帮他想想，在离开这个岗位之后可能有怎样的发展方向或更广阔的天空。其次，要表示出同理心。认真倾听员工的诉求，可能他希望在公司再待一个月的时间，有缓冲期去寻找新的工作机会。那就尽量去满足他的合理诉求。在这一过程中，注意要多引导他，而不是去评判。引导就是通过提问的方式来告诉他现在存在的问题是什么，这比直接施加批评、直接告诉他对与错要更有意义。最后，注意在回应某些问题的时候要婉转而有技巧。譬如说他会问到你："为什么是我？"对这个问题你可以这样回答："对你来说，离开公司是一个机会，你会有更多的可能性。"

总之，你需要选择正确的人，用合适的方式去沟通，并且关注每一个离职面谈的员工，面对不同类型的人需要不同的沟通风格，要问询且谈好对方离开的需求条件，而且最好一次性地告诉他所有的坏消息。一次性说清楚，比分开几次说带来的负面情绪之和要小。

【行动地图】

1. 肯定与感谢：应先对员工的忠诚度、奉献与付出进行肯定。例如："感谢您，公司因为您这样……而得到了……的进步。"

2. 解释：从公司所处的外部环境和当前业务压力出发，寻求理解。

3. 关注长远目标："职业生涯转换，对你来说是一次更好的机会。""我们对于自身的评估与规划有些是不全面的，以前很多同事换了工作后都变得更开心了。"

4. 提供支持：帮助员工寻找新的工作，提供一些求职的信息、渠道、技巧和注意事项，如可能可介绍到其他岗位或公司去工作，以此帮助其建立继续工作的希望和信心。

5. 慎重选择沟通时间，避开该员工的生日、结婚纪念日等，在这种时候他们很难接受两种情绪之间的反差。

6. 坚持原则：调整决策、补偿方案或后续调整安排等是公司已经做出的决定，沟通人员应强调这是最后决定，不可能更改。否则一旦有所妥协或让步，就会使沟通工作很难继续进行。

7. 倾听与关心：倾听是最好的情绪安抚方法。如员工情绪激烈，沟通人员要保持冷静，不能去刺激对方，在体谅和安抚对方的同时尽量用点头或短暂的沉默去配合对方的陈述，直至对方可以冷静下来。

第 5 章 育才留才的加减乘除

如果一个人才在目前的职位上有很好的业绩，能长期在未来担任更高的职位或承担更大范围的职责，同时，他善于接受并消化新的理念，能很好地理解和贯彻公司的文化和价值观念，那么就需要管理者能够运筹帷幄，用"加法"的力度培养人才；"减少"人力使用中的错配（让猴子去跳水，让青蛙去爬树）；了解每位员工的内在需求，按需激励可以更加长久且持续地"成倍"激发其内在动力；维护好核心员工，"排除"因忽略长期培养与认可而导致人才流失的失误发生。人才不仅是自己公司的掌上明珠，也是业界其他公司盯着的优质资源，只有做好育才留才，在人才抢夺战与争夺战中方可决胜千里。

本章 公式

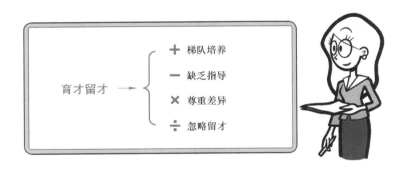

5.1　加法：＋梯队培养，学习成长

管理者的产出考核是整个团队而非管理者自身，也就是说，管理者的业绩、能力好不好，是不是能被上级认可，在于他所带领的团队是否有高水平的产出。

对管理者而言，团队的产出绝大多数是下属的产出，因为管理者不是一个人在做事，而是带领团队成员一起来做事。如果团队成员的工作不投入或者没干成，会直接影响到团队的产出。20世纪80年代，美国学者提出了"组织学习发展"的模型，就是现在非常有名的成人学习的7-2-1法则。

成人学习的7-2-1法则告诉我们：员工能力的提升，70%是靠工作中学习提升得来的，工作场才是最真实的练兵场。比如，我们每天工作结束之后的复盘、工作周报，还有一些汇报总结以及工作本身的成果，这都是学习。另外有20%是通过上级辅导、指导等得到的学习。上级对下属给予工作指导，共同探讨并解决问题，可以帮助下属成长。最后的10%来自正式的培训。所谓正式培训，主要是指集中组织的脱产性质培训。

那么，管理者如何能够全面地给下属提供正式和非正式的学习机会，提升下属的能力，同时提升整个团队的作战力呢？具体的方法就像是给团队这辆战车加燃料，可以从以下三个方面着手。

1. 充分利用工作本身的学习

试想你带领的团队一共有5名下属，作为管理者，你应该如何安排工作，用事成人，借事修人，提升团队成员的能力？

阿度：加入公司已有3年多时间，经历了团队大大小小的项目，尤其是全程参与过公司爆款产品的设计工作，做事有思路有想法，基本到他手里的活儿都能保质保量地完成。

张小团：思维活跃，是团队公认的点子王。她还有一个特点：胆子大。只要敢让她尝试，她一定接受任务。平时团队研讨被卡住或有一些复杂问题时，张小团总能给出自己的解决方案。但将方案具体落地的时候，她往往要求助有经验的员工。

老滴：加入公司快 10 年时间了，日常的业务很熟练，但几次给他布置一些稍有难度的工作时，他的回应总是："这个好难呀，要完成至少需要一个季度的时间。"虽然他隔几天也会拿出一份差不多的成果，但陈北北能看出来，老滴并没有全身心投入到这些任务中。

小易：刚加入团队不到半年的新人，虽说还处在熟悉工作阶段，工作能力有些不足，对待工作的态度时好时坏。他不太主动和团队其他人交流，但也不会消极拒绝领导布置的任务。有一次陈北北想让他尝试画一下新产品的原型图，他一脸为难，正好张小团说她可以尝试，两人便一起承担了这个任务。

管理者可以在心里快速把员工的能力和意愿矩阵图画出来，如下图所示：

根据这个矩阵图来匹配不同类型员工的发展方案，如上图中第一象限的阿度的状态是既有能力又有意愿，可以选择"授权"管理的方式；第二象限的张小

团需要提升项目经验与能力，避免好高骛远、眼高手低，所以要在工作流程、方法、任务拆解上多给予指导；第三象限的小易需要一位导师，除了文化融入、关注精神状态的辅导，还需要业务帮助，能够带领他完成任务；第四象限的老滴属于"老白兔"类的员工，需要找到让他感兴趣的项目，激活他的工作热情。

根据员工在工作中的表现，管理者可快速匹配他们的发展方案：意愿不足的补意愿，能力过低的提升能力，对意愿与能力双高的人果断授权。如此，团队整体的能力可能快速提高。

2. 辅导学习

当团队成员变现欠佳或者需要强化安慰的时候，管理者可以采用辅导的方式帮团队成员完成任务，达成绩效目标；还可以采用影子学习法，也就是管理者在一天中多留意、观察员工的工作行为，然后给予建议反馈。辅导反馈的经典步骤如下：

第一步：说明谈话目标，确定谈论的话题项目。

今天谈话结束时，你期待有什么样的成果？今天想聊点儿什么？

现在我们有 ×× 分钟时间，你认为需要讨论的最重要的事情是什么？

这件事情为什么对你这么重要？

实现这个目标的价值 / 意义是什么？你认为对你更重要的是什么？你真正想要的是什么？还有什么要补充？

你的具体目标是什么？

如何知道 / 衡量是否达成了目标？如果用 1 ~ 10 分来衡量，10 分是你最满意的状态，你想要几分？

如果目标实现了，你会看到什么，听到什么，感觉到什么？

你觉得通过努力能够实现这个目标吗？你可控 / 通过努力可达成的是什么？

你打算在什么时间内完成？

你的目标是……（SMART 目标），对吗？

第二步：了解现状，知道发生了什么（用"什么 / 何时 / 如何 / 在哪里 / 多少"来发问，从而确定当前的状态）。

内部和外部都发生了什么？

这具体涉及哪些人？

你做过什么样的尝试，结果如何？

现状与目标的差距是什么？

减少差距的关键因素有哪些？（如利益相关者、优势、资源、机会、原因等）还有呢？

其中可控或可影响的是什么？

缺少了什么？

是什么阻止了你，或者让你的进度变慢？

你手头有什么资源？

第三步：探索选择方案，弄清楚有什么选择，以及其他可能性。

有什么方案可以解决这个问题？

你还可以做什么？

假如你是……会怎么做呢？

假如你还有更多的时间 / 精力 / 信心，你会尝试做什么？

假如没有任何问题，你会选择做什么？

如果你有能力改变，你会做什么？

这些选择的优点和缺点分别是什么?

这些方案中,具体你会做什么?还有呢?

前面提到了……你会如何做呢?

这些选择如何帮你在现状下实现目标?

第四步:决策行动。

你认为目前最好的选择是哪个?为什么?

这会如何支持你实现目标?如果还需要更多的东西来确保目标的实现,会是什么?

今天交流结束后,你的第一步行动是什么?

你准备什么时候开始行动呢?

你会遇到什么样的障碍?

你将会如何处理这些障碍?

谁需要了解你的计划并给你支持?

总结成果:通过刚刚的对话,你有什么样的收获?

庆祝成功:目标达成后,你会如何庆祝或奖励自己呢?

嘉许:对被指导者进行正面反馈,提供支持,约定跟进时间。

管理者通过上面这些辅导过程,帮助团队成员抽丝剥茧地分析问题,启发思考,然后再落实到行为支持。

3. 正式培训

对于影响占比10%的正式培训,管理者可以按照不同的学习内容、学习形式,设计各种各样的培训活动,并有重点地选择执行培训,如下表所示:

培训类型	培训内容和目的
新人部门培训	了解部门的发展历史、部门的业务内容、部门的 SOP
文化培训	统一做事方法，统一价值观思想
研讨会	业务主题明确，收集各类意见，分类汇总，落实行动方案
团队复盘	总结工作经验，从经验教训中总结规律，提炼方法论
岗位技能培训	掌握完成工作任务所需的专业技术培训，例如编码编辑能力、平面设计能力
软技能通用培训	完成各类工作中的通用技能，例如时间管理、沟通技能
阅读会	鼓励团队持续学习，按主题分析讲解
英语沙龙	具备工作所需的语言能力，轻松活泼

【行动地图】

1. 理解成人学习培训的影响因素：工作中学习 70%，通过上级导师辅导 20%，安排正规的培训学习 10%。

2. 促进工作中的学习，分派给员工有一定难度的工作任务，用事锻炼人。

3. 设计导师制度，让有能力的员工辅导新员工，及时提点。

4. 根据不同员工的工作任务，匹配合适的培训课程，系统学习。

5.2　减法：一缺乏指导，适配发展

缺少对下属职业发展指导、职业路径指导，会导致下属总说自己没有成长。帮他们梳理职业发展路径，建立在企业里的职业规划，让他们有了计划与目标，这样他们才能安心、稳定地在企业发展。如果员工有能力完成工作，并且非常主动积极，管理者就要减少督导，只需适时夸奖，留心观察。过度的督导与支持会让员工觉得"你不信任我"。相反，如果员工没有能力与意愿完成工作，而管理

者也不管不顾，导致督导与支持不足，员工会误以为管理者不重视自己。因此，对不同任务目标中不同状态的员工，要给予不同的监督与支持等管理手段。过度与不足都是不可取的，管理要做到刚刚好。

1. 帮助下属梳理职业发展通道

如下图所示，管理者首先要帮员工界定工作能力，基于他今年的工作目标，确定他的能力是否符合目前工作的业务目标。如果不符合，管理者应帮员工找到其中的差距，通过有计划地提升能力去弥补。在能力提升的过程当中，管理者应帮员工不断地根据目标去调整适配。接下来，管理者帮助员工明确企业对他的要求，用反复沟通的方式帮助员工清晰地认识到岗位的具体要求，帮助员工了解自己在企业中的职业发展路径，也了解公司的发展方向和趋势，让员工为未来发展储备能力。管理者需要为新员工匹配一位职业导师，让他在自我发展过程中少走弯路。只要员工有能力完成了任务目标，并且基于企业未来发展储备了能力，他就能全面地看到个人职业发展收益，跟同事之间也有了情感收益，这样可以帮他获得正确的自我评估以及合理的回馈分析。

这里表示自己的能力。定目标，找差距，做计划。

这里是公司的要求。勤沟通，多观察，看趋势，跟导师。

公司要求和自己能力之间的差距，就是自己发展的需求。明确重点，调整方式，寻找资源。

这条路是发展计划。观全局，看长远，先调查，再要求。

在整个能力的管理过程当中，管理者要帮员工找到他自己喜欢且有能力的领域，这是他的优势区（下图第一象限）；识别出他自己虽然不喜欢但是有能力的领域，这是他有一天可以往后退一步的退路区（下图第四象限）；找到他现在没有能力但他非常喜欢的领域，这是他可以通过提升能力来发展优势的潜能区（下图第二象限）；同时也要让他屏蔽一些自己既不喜欢又没有能力的盲区（下图第三象限）。在盲区的工作和任务，管理者应该尽可能少地布置给员工，让他更多地在优势区、退路区和潜能区三个区域去发展自己的能力。优势区的策略是不断地去聚焦优势，精进和外化成为行业的精英，让自己很难被别人取代。对于盲区，管理者应该明确告知员工不要去做或者授权给别人去做。关于退路区，在这里的能力可以先储备起来，等需要结合公司发展方向重新定位的时候再去组合使用。对于潜力区，管理者可以让员工有意识地慢慢刻意练习，每天做一点，从小任务做到大任务，把他的潜力区慢慢培养成他的优势区。

能力低、兴趣高的潜能区	能力高、兴趣高的优势区
利用刻意练习，逐渐发展为优势区	充分利用，不断精进，外化为行业中的精英
尽量避免在这个区域开展工作	储备这个区域的能力，在和其他能力可以形成组合的时候使用，或者当自己通过重新定位将退路区转化为优势区以后使用
能力低、兴趣低的盲区	能力高、兴趣低的退路区

兴趣水平

能力水平

所以我们会发现，在一个员工不断追随你工作的过程中，建立让他持续产生"心流"的通道是非常重要的。使员工的能力水平和所接受的挑战达到刚刚好的中间状态就是"心流区"。在这个区域中工作，他不会觉得工作无聊，也不会因为压力太大而感觉焦虑，他会有微小的压力，更有动力做这件事情。只要能够找到属于自己的领域，在这个领域中他的能力被企业目标所需要，他的能力本身可以不断提高，就会在公司当中一直保持"心流"的工作状态。如下图所示，长期处于能力水平与挑战程度的中值阴影区间，方可进入"心流"的境界。

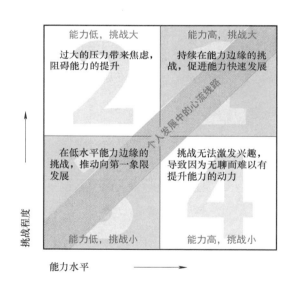

2. 及时指导

缺乏管理者指导的下属会失去安全感及对管理者的信任。那么，如何及时有效地参与到员工的指导工作当中呢？陈北北最近启用了一位业务专家阿度做项目管理。他作为新项目负责人，遇到了一系列的挑战，于是跑过来向陈北北求助。

阿度：我知道进度落后了。

陈北北：哦，那我想知道你和你的团队什么时候可以完成这个任务呢？

阿度：是呀，大家都想知道什么时候，我目前有点不知所措。

陈北北：我知道你觉得难以招架，不过我还是期望知道解决方案和进度排期，希望你可以尽快给我。

阿度：我觉得所有方法我都已经试了两次。

陈北北：我觉得你会找到完美的方案，你过去总是这样，这次解决了这个项目的紧急程度问题，你的能力也就自然提升起来啦。

阿度：我以前总是可以，但这次还有团队管理方面的难题。

陈北北：你要相信你的团队是有能力完成这个任务的。

陈北北：你可以做到的，不会延迟交付的，我对你有信心。回去带领团队尽快讨论方案吧！

阿度：好吧，我尽力。

通过这个对话我们发现，当员工有很多困惑的时候，如果管理者过度地信任与授权，同时缺乏指导，会让下属更加不知所措，不明白自己到底要做些什么。所以这个时候管理者应该给予具体的意见建议，以及完成这项任务所需要的资源。

此次对话可以转换如下：

阿度：我知道进度落后了。

陈北北：我理解你感到沮丧。

陈北北：你觉得谈谈一些可选方案会有帮助吗？

陈北北：我建议首先将目前的状况分为设计项目方案和你领导团队的方式两

个问题。

阿度：我在这两个方面都不知所措。

陈北北：我知道你觉得难以招架，我想提供一些指导。先说领导力，你可以做些什么激励团队再试试新设计？

阿度：我觉得所有方法我都已经试了两次。

陈北北：回想以前，你第一次参加我们的项目时，谁是你的团队主管。

阿度：老滴非常出色。

陈北北：对于老滴的团队领导方式，你最喜欢什么？

阿度：他一直能够让我们集中精力处理相关问题，他总是乐观向上而且让我感到他坚信我们能找到解决方案。

陈北北：这也适用于目前状况，你需要重新调整团队的专注方向，让他们有一个全新的视角。我觉得异地会议可以真正帮助你的团队重振士气。在新视角方面，我建议你与新组员小A谈谈。

阿度：你真的觉得引入像小A这样的外援会有帮助？

陈北北：我认为你们两个人可能会觉得一对一的会谈很有意思，他虽然不按常理出牌，但他是个天才。我听说，如果有人能够重新定义问题，那这个人就是小A。

阿度：或者我可以邀请他参加我们的团队会议，并且告诉他我们非常重视他的专业经验。

陈北北：你看，你看起来根本不绝望。（即时表扬）

陈北北：你的动作要快，以便我们的进度按计划进行。（提醒进度）

阿度：你能参与我们的团队会议吗？帮助我们一起挑战新的假设。（求助帮忙）

陈北北：我很高兴参加。我有信心，采用这一新方式可以解决问题。让我们把团队会议定在每周一上午吧。

通过这个对话我们可以看出，管理者为下属提供了具体的指导，将问题分解为团队管理和项目设计；推荐帮手小 A 协助帮忙；参与他们的每周例会；安慰和鼓励下属，通过正确的管理方式帮助提升员工能力与意愿。这些指导既告知了具体做法，同时也在精神思想上给予了鼓励。

【行动地图】

1. 积极主动地思考、制订、帮助员工认知自己的职业目标。

2. 根据职业目标，设定相应的行动计划并努力付诸行动，甚至为取得进步而做出牺牲。

3. 善于抓住机会，主动分析员工的能力与兴趣，找到优势区与盲区。

4. 对员工的发展有明确的规划，并主动为员工制订、修正发展计划。

5. 鼓励员工向他人学习，在交流和共事中找到自己的发展空间。

6. 知道不同的情况和层面可能需要不同的技能和方案，努力发挥员工的强项和弥补自己的弱项和不足。

5.3　乘法：× 尊重差异，按需激励

想让团队成员长期地贡献，有一种保鲜剂就是按需激励。只有激发出个体的主观能动性，才可以做到持久的育才留才。管理者需从人本身出发，思考每个阶段的员工诉求。龙生九子，各有不同，我们的员工也因为时代因素、家庭社会环

境的因素、年龄与责任的因素等，有着千差万别的需求。做一名走心的管理者，从心出发，知道他们为什么而奋斗，什么可以让他们持久地充满激情，起到自驱自发的乘法作用。

1. 激励的目的与意义

通常公司激励的对象是群体，管理者则要激励到个人。所谓的激励是指激发驱动力，进而产生行动的心理过程。驱动力让人采取行动，目的是满足需求从而让个体达到平衡，并且需求越迫切、越强烈，产生的驱动力也会越强烈。所以对于管理者来说，了解团队中每一个成员最迫切、最强烈的需求，就成了激励的核心。当每一个个体被激活之后，整个公司也会充满活力。

相信企业希望员工每天都能像打了鸡血一样，自觉自愿地把事情做好。然而，并非所有员工都能如此，我们时常会遇到员工工作懈怠的情况，推一推就动一动，不推则不动。作为管理者，我们需要通过有效的激励方式去点燃员工的激情，促使他们的工作动机更加强烈，让他们产生超越自我和他人的欲望，将潜在的能量释放出来，为企业的远景目标投入自己的热情。

2. 了解激励因素

不同的心理学家和管理学家对于激励的因素也各有研究，提出了多种理论，其中非常有名的是马斯洛的需求层次理论。一名员工首先需要满足的是基本生理需求，比如说员工来上班，从根本上来说是为了能够得到食物，得到购买住房的工资，得到一些最基本的生存保障。当他有了基本保障之后，他会去追求自己的职业发展，也就是安全需求，希望自己的职位能够提升，收入也不断升高。再往上走，他希望改善周围的环境因素，比如能在工作过程当中有良好的人际关系，能交友，满足关系需求。再往上走到最高层，他希望能够实现自己的人生理想，以及自己的专业技能在行业中被别人尊重、被别人认可，在这个领域小有名气。

作为管理者，了解年轻员工的需求是当下紧急又重要的要务。比如，00后的员工的生理需求和安全需求相对来说就会比较弱。我国经济的发展会给他们足够的生活、安全保障，他们更多追求的是有更好的人际关系，有更多的人去尊重他们的观点和想法，以及做自己想做的事，成为自己想成为的样子。激励是建立在需求之上的。人的需求是有层次的，并依据层次不断升级。

20世纪50年代末，行为学家赫茨伯格和他的助手做了一项调研，访问了200位工程师、会计师，问他们在工作当中如果缺少了什么会极为不满。被访者会说，公司没有明确的规章制度，没有上下级的这种清晰的管理关系，没有基本的工作硬件条件，没有工资，等等。这些维度被定义为保健因素。于是他又反问大家，那么在工作当中有什么会让你极其开心和满足。这时候人们就会说，如果我有成就感，我被人赏识，我了解工作本身的意义和价值是什么，在项目当中我可以有怎样的成长机会，等等。这些真正能够让大家满意、获得激励的因素就叫作激励因素。当员工的保健因素得到满足时，就会对激励因素产生更高的需求；当员工的成长需求、关系需求未得到满足时，就会要求更高的回报。因此，当你想激励员工的时候，就请关注他的激励因素。

在你的团队里是否发生过这样的事情：新年伊始，所有的项目刚刚开启的时候，趁着年终奖金和调薪的热度，你正准备带着团队大干一场，做一个开门红的大项目。本以为大家都干劲十足，但实际情况是，大家刚开始干得比较火热，过了一段时间就变得不温不火了。你可能会反复思索，明明刚刚晋升完、调完薪，大家都很满意，可过了没多久，为什么冲劲就没了？正寻思着突然又有一位员工向你提出辞职，并承诺会交接好之后的一系列工作。所以这个时候你开始思考，这位提出离职的员工今年绩效做得不错，给他发的年终奖也算丰厚，职位上又给他晋升了一级，此刻提出离职对你来说简直是晴天霹雳，不仅会影响到项目的进度，同时团队士气也会有问题。那么，到底问题出在哪儿了？为什么明明发了高额的奖金或薪酬，关键员工依然有离职的现象？这是因为高层次需求未被满足，员工会退而求其次要求更多的物质回报，从而产生更高的成本。

了解了激励的设计是要符合需求原理的，接下来考虑如何匹配需求。除了匹配个体不同的需求阶段，还要区分不同的群体。

3. 有效的激励方式

1）强调工作的价值和意义。员工们都希望被赋予有意义的工作，希望感到自己做的事情非常重要、有价值，并且想要了解到做这件事情的目标是什么。管理者应该及时让员工获得工作当中所需要的所有信息。管理者还要赋予员工一定的权利，让他有一定的决策权和行动权，可以自己决定工作进度、时间、方法，能够更好地完成工作任务。

2）创造积极的工作环境。在工作环境当中，管理者要让员工能够被周围的同事尊重和信任，员工之间达成一种合作分工、协同共生的良好的氛围，并且得到领导的尊重和信任，相信员工承诺的所有目标都可以完成。

3）提升个人价值感。让员工在工作过程中得到你的尊重，受到你的赞许。

这种尊重要落到他的具体行为上，让他知道公司也非常鼓励他个人价值的发展，给他更多的发展机会，例如参加培训、外出交流、派遣学习。

当然，作为管理者你也要观察个体差异，花必要的时间去了解对员工来说什么是重要的。将工作设计与个人需求相结合，最大限度地调动员工的潜在动力。利用目标与反馈，给员工设置明确的目标，员工在实现目标的过程中应该得到反馈。允许员工参与制订和他们相关的决策。员工可以帮助组织设置目标，选择自己的行动方案，并解决效率与品质方面的问题。管理者还应将绩效与奖励联系起来，奖励视绩效而定。员工必须理解这两者间的关系。

【行动地图】

1. 了解多样的激励因素。针对不同的团队成员的需求采用不同的激励模式，帮助团队成员预见并达成更高的绩效。

2. 能够看到每个人的特长和兴趣点，并利用它们来激发团队成员对达成潜在成就的热情。

3. 与团队成员有效沟通公司对其绩效的期望，并表达对其取得卓越成绩的信心。

4. 迅速采取行动，以身作则，并且显示出致力于处理工作上的问题或争议的决心，决不容许问题或争议因为忽略、不被处理而恶化。

5. 尊重与认可每位团队成员，善于让他们感觉到自己和自己的工作都很重要。

6. 能积极营造一种让团队成员愿意做得更好的氛围。

7. 用创新的形式承认并感谢、奖励他人的成就和贡献。

5.4 ▶ 除法：÷ 忽略留才，盘点去留

对于一个好的团队成员，怎么能够留住他，是不是只有待遇可谈？其实不是。段永平离开国企创办步步高是因为壮志难酬；杜兰特离开勇士队加盟篮网队是因为没有获得尊敬；陆奇加入百度是因为有更广阔的发展空间；诸葛亮跟随刘备，是因为志同道合；乔布斯能够吸引约翰·斯卡利是因为改变世界的梦想。每一个团队成员的去与留、来与往都离不开他的上级、团队氛围、自身的追求。管理者如果忽略这些因素，会给团队带来致命打击，很难让人才与团队长期地共处，更无从去谈培养与发展。

那么如何才能留住人才呢？你可能会说待遇很重要，但是，上面那些例子中的人待遇都挺高。那什么才是真正的决定性因素呢？我们从以下几个方面来探讨。

1. 谁需保留

保留人才工作中的前期诊断很重要，谁是你团队里最具发展潜能的人，他是否最具离职风险？给你的团队贡献很大的人才同时也会被外界盯着，他们都是这个领域的专家、专业上的知名人士。所以，管理者要提前思考，如果一名员工要离职，可能的原因是什么。要做到预判与预知，而不是真正到了最后一刻，当骨干对你说要离职，然后你才感到吃惊，心想："我从来都没有考虑过这个人，此刻他会走。"

作为管理者，每个人心中都要绘制一张图，这张图是判断你的员工的价值和流失风险的，叫作关键员工矩阵图，如下图所示。它可以帮你双维度地看到关键员工的价值水平与流失风险程度。在这张图里，我们将员工放到四个不同的象限内。具有高价值，同时又具有高风险的员工位于第一象限。当他发出了离职信号时，管理者应该立刻放下手头事务前去处理。例如，管理者跟他沟通一下："最近看到你满面愁容，心事重重，工作起来效率也变低了，是发生了什么事情吗？"具有高价值和低离职风险的员工在第四象限。对于他们，管理者可以在心中设置一个预警，并进行长期的关注。一旦第四象限的员工来到第一象限，那在事件发展的过程中你就能及时发现并制止。价值低且离职风险高的员工位于第二象限。我们其实可以让这类员工去寻找更广阔的天空和更有价值的岗位，现有的组织也许并不适合他，因此无须花费太多的精力进行挽留。同时，管理者也需要思考，能否通过转岗、轮岗或者换工作内容等方式，让第三象限的员工可以慢慢地提升自己的价值，然后再进入你的关注范围。

价值低，风险高	价值高，风险高
无须避免此类流失风险，甚至可以主动推动流失发生	需要立即介入，妥善处理离职风险
可以通过转岗或者轮岗的方式，促使员工的状况转移到其他象限	建议不用立即处理，可以纳入长期观察和预警机制中，当风险升高的时候可以及时发现
价值低，风险低	价值高，风险低

流失风险程度

员工价值水平

如上图所示，管理者要把精力放在第一象限的员工身上，同时也不能忽视第四象限的员工，以防他们转移成第一象限的员工。

2. 留才沟通

作为管理者，随着市场工作机会的增加，用工制度更加灵活，你可能经历过得力的下属向你提出离职的要求。在去年陈北北将一名员工引入团队时，这名员工是非常高兴的，他觉得在陈北北的团队中工作很有挑战，因此毅然放弃了其他好几家公司的机会。现在6个月过去了，某些迹象显示，目前的工作对这名员工来说似乎已趋向于例行公事，他感觉实际的工作挑战很低，想出去再看看市场上的其他机会。于是陈北北打算和他进行一次非正式的谈话，目的是了解他对工作的满意程度。

（1）留才谈话

"你现在有时间吗？我想问一下你最近怎么样。除了关于我们正在处理的问题或客户的事情，我们几乎没有什么机会谈话。但是，我们已有相当长一段时间没有聊聊你工作的情况。比如，你的满意度有多高？最近有什么是我可以为你做的？现在，再回到你的工作上，你有什么不满意的地方，或者有什么是你不喜欢的？"

（2）澄清事实

"我想知道的是你的感受。你还喜欢这份工作吗？工作是否给你提供足够的挑战？"

"你需要一种平衡。你认为你现在能保持平衡吗？还有什么是我能干或该干而没有干的？"

"现在有两个问题，我们需要进一步讨论：怎样使你能……同时保证……。还有我和整个团队应怎样更多地尊重你和其他新人建议的新想法。是不是就这些？"

"你愿意给我举一个例子吗？"

"确实如此。当你说你想'干得更多'，你具体的意思是什么？"

"这的确是工作中最棘手的一部分。你是不是会担心处理这部分事情会有难度，或者会影响到你的个人成长以及职业发展？"

（3）未来发展

"这很好。当我问你工作是否有挑战时，你回答'也有也没有'。那我们能做些什么来让工作变得对你更具挑战性？"

"财务这方面呢，你有什么感觉？"

"还有其他问题吗？关于工作、同事或是我？我有哪些地方需要改变？"

"关于这个，我们现在暂时先谈到这里，过几天我们再回来讨论如何实施。同时，让我们两个都好好考虑一下，怎样做才最有效。"

（4）达成一致

"我同意。我们需要做的是想办法让你能做这些事，同时仍能让你维持所需的平衡。"

"是的。但我不想你因此而耗费太多精力，但现在，这显然很费力。这样，先让我来试着解决这个问题，然后我们再回来讨论，好吗？看起来，我需要多花点功夫来帮助你和其他新同事做我们希望你们做的事——给团队注入些新的想法。"

"很好。我知道这很重要，所以我们要尽早回来再讨论如何执行这些工作。"

（5）总结感谢

"谢谢你对我这样坦率和开诚布公。我知道事情并不总是容易的。我希望你知道，你在这里干得很好，而且你是我们团队中重要的一员。"

通过系统的起承转合的谈话，梳理员工为什么想离职，明确员工自身的诉求是什么，表现出管理者对员工的认可与重视，确保后续能为核心员工的留用做出持续的动作。

3. 留才行动

（1）评估员工从事的岗位价值

行动提示：从公司 / 部门的战略目标出发，整理建立团队的思路。你需要思考以下几点：

对部门的未来而言，哪个岗位是关键岗位？这个关键岗位需要拥有什么技能的员工？拥有这个技能的员工从市场上获取或者培养的难易程度如何？

（2）通过与员工谈话具体了解员工的"确切需求"

行动提示：员工所说的"做大项目的感觉""成就感"等，具体指的是什么？

可能性：

- 高层领导的肯定。
- 挑战性工作。
- 不断学习新知识。
- 被上级经理辅导，得到成长。
- 优秀团队成员的合作。

目的：使员工体会到个人贡献与公司战略的一致性，从而看到希望的未来。

（3）帮助员工实现梦想（如果你已经录用了有创业梦想的员工）

如何实现：通过在公司内部培养员工，帮助员工实现梦想。

行动提示：

- 帮助员工分析创业的能力需求及该员工需要发展的领域。

- 给予员工锻炼和成长的机会。

- 在内部建立"创业"情境，使员工体会到在公司的成长。

（4）挽留该员工

如何实现：将了解到的员工的"确切需求"与该员工目前的工作相结合。

行动提示：如了解到该员工的"确切需求"是被上级经理辅导并得到成长，则可以：

- 在目前的工作中，关注到员工的这个需求。

- 设置定期辅导。

- 肯定员工在目前工作中的进步等。

【行动地图】

1. 前期诊断，及早发现：谁是人才，谁最有离职风险，可能的原因。

2. 了解员工内心的真实需求，将员工的期望与公司现有的资源相连。

3. 预约人才，开启留才谈话：原因核实，与他一起讨论出保留方案。

4. 后续行动跟进，设计出执行方案，过程当中监控管理对人的关注与发展。

5. 搭建部门人才梯队：提早规划接班人计划，预测员工对职位瓶颈的担忧，提前储备人才。

第6章　组建团队的加减乘除

　　团队发展有不同的阶段与时期，管理者在各个时期的第一要务都是建立好团队规则，做好角色、责任、义务的分工。这些是基础的"加法"工作。同时，"减去"带着"立场"看他人，理解不同的角色产生不同的立场，不同的立场产生不同的利益，缩小破坏性冲突。"乘法"是建立信任与授权文化，让团队快速地成长起来。最后，持续"免除"团队成员自我封闭的局限，让每个人都跳出自己的一亩三分地，多与团队成员互动沟通。

本章 公式

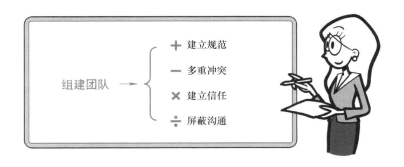

组建团队 → ＋ 建立规范
　　　　　 － 多重冲突
　　　　　 × 建立信任
　　　　　 ÷ 屏蔽沟通

6.1 加法：＋建立规范，树立权责

　　讲到团队，我们要首先明确的是团队与群体之间的区别。与群体不一样，团队是有明确目标的，大家在共同的目标下一起去完成任务。在这个过程当中，我们有文化、有使命、有愿景，大家有共同的身份认同，但我们的知识领域不同、

经历不同、知识背景不同，所以要进行多元化的组合，并且我们要为工作结果负责，结果又为公司的盈利与营收负责。所谓团队，就是拥有共同目标、分工合作、技能互补、规则一致、彼此负责的融合在一起的组织。

1. 团队的发展阶段

团队的发展阶段就跟人生的不同阶段一样，每个阶段都有其面临的特点、挑战、策略。团队的5个阶段分为团队的组建期、磨合期、规范期、表现期以及调整/解散期。团队组建和形成的过程中伴随各种各样的磨合，随着团队成员的心智模式的成熟，团队进入更加规范的时期，之后就到了产生大量绩效贡献的表现期，最后当整个项目完成之时，团队进入调整/解散期，即决定成员们是继续迭代去做这个项目还是去新的项目当中。这个过程就像人的成长、发展，最终落叶归根。管理者可以结合自己目前以及过往所带领的团队、参与过的项目，结合这些理论与相关工具，盘点现在团队所处的阶段，这对管理者未来更好地带领团队有指导价值。

（1）组建期

团队在成立初期都会有雄心勃勃的发展目标和发展计划，但随着人员的逐渐增加，目标和计划不可避免地要有相应的微调。在这个阶段，团队缺少明确目标与职责，试探边界，依赖权威。

（2）磨合期

磨合时期的动荡是每一个团队都要经历的特殊时期。能否进行有效的磨合，并顺利地度过这段敏感的时期，是团队发展的关键。这个阶段团队成员会有困惑与挫折感，以及现实与期望的差距带来的失落感。

（3）规范期

这个时期会逐渐形成独有的团队特色，团队成员以标准的流程投入工作，分配资源，无私地分享各种观点和各类信息，团队荣誉感较强，认同团队的使命和价值观，成员之间相互信任、认可与欣赏，可以经受一些风险。

（4）表现期

这是团队最富创造力、生产力最强的阶段，此时团队成员对团队使命和价值观强烈认同，开放坦诚、互相信赖、彼此认可和欣赏，团队协作也更加灵活，每个人都能发挥创造性并积极参与贡献，团队在面对挑战和变化时也会更加自信和从容，能够应对风险和不确定性。

需要注意的是，进入表现期后，随着业务协作流程的完善，团队成员各司其职，有清晰的工作职责和协作机制，长此以往，团队也会面临新的挑战。比如，很多团队的老员工会出现职业倦怠、主动性降低、不愿意接受改变和更大挑战的现象；团队在转型变革或拓展新业务时又容易出现路径依赖、创新和开拓性不足的问题。

（5）调整/解散期

团队实现了自己的阶段性目标之后，必然要进行组织整合。整合过程其实就是组织调配力量，为下一个目标进行筹备的前奏。这个时期一般也没有太大的工作压力，团队士气相对平稳。

作为管理者，我们会经常面临组织变革和人员调整。在打造高绩效团队的过程中，不变是相对的，变化和调整是永恒的。

调整/解散期是所有团队都将面临的一个阶段：

- 或伴随着团队整体解散。比如，项目型团队在项目目标达成后会进行调整后解散，迎接新的项目挑战。

- 或伴随着关键团队成员调整。比如，环境变化、业务调整会使团队关键成员发生变动，进而重新激活团队，开启新增长模式。

调整／解散期不是团队发展的终点，而是团队新一轮发展的开启，新的团队将进入组建期、磨合期、规范期、表现期和调整／解散期，周而复始、螺旋式上升，不断创造团队发展的新境界。

2. 人员权责划分

管理者在诊断好自己的团队处于哪个阶段及匹配怎样的发展重点之后，就可以把目光聚焦到团队成员的身上了。如何让团队成员在较短时间里找到自己对团队的最佳贡献区，调整并承担自己在团队中的角色职责？明确责任与分工可以使用 RACI 矩阵。

1）谁负责（Responsible），即负责执行任务的角色——他／她具体负责操控项目、解决问题。

2）谁批准（Accountable），即对任务负全责的角色——只有经他／她同意或签署之后，项目才能得以进行。

3）咨询谁（Consulted），拥有完成项目所需的信息或能力的人。

4）通知谁（Informed），即拥有特权、应及时被通知结果却不必咨询、征求意见的人。

如下图所示，管理者需要让团队成员明确所有的人在每一个点位所负责的事务：谁是主要责任人？谁是次要责任人？出了问题问责谁、咨询谁、通知谁？他们之间的边界划分是怎样的？每个人都要有主人翁意识。管理者要提升成员的责任感与专注度。

	陈北北	张小团	老滴	阿度	小易
收集需求	A	R	I	I	C
需求评审	I	A	R	C	C
定义范围	I	A	C	I	C
工作分解	R	A	C	I	I
范围审批	A	C	I	I	R

R＝负责　　A＝批准　　C＝咨询　　I＝通知

【行动地图】

1. 澄清团队的独特价值：一定是团队成员共同讨论出来的，如果是别人的价值，团队成员对它都不理解，就不会主动实践。

2. 确定优先重点业务：抓住主要矛盾，做优先级排序，优先级代表资源的倾斜，排在前面的要全力以赴做好，一般建议不超过 6 条。

3. 明确责任矩阵：明确每个人承担的职责，确定团队成员相互之间的协作方式。

4. 识别并有效管理依存矩阵：团队任务需要周边部门或团队的配合才能完成，比如 HR、财务、法务等。我们需要把这个关系识别出来，这就是依存矩阵。识别出来之后，团队还要对其进行有效管理。

5. 制定团队运作的基本规则：沟通机制、决策机制、行为准则等。团队成员会有不同的观点，但高效协作首先需要团队成员都遵守规则，比如会议规则。明确哪些行为是团队倡导的，哪些行为是被禁止的，设定"行为高压线"。

减法：－多重冲突，激发建设

　　管理者需要有效地处理人与人之间的冲突，理解冲突的根源在哪里，运用适当的方法来减少双方或多方之间的冲突和紧张气氛。在进行团队建设的时候，管理者往往面临重大挑战：团队成员间出现权力斗争，彼此竞争和争执；核心团队的冲突、底层认知的冲突、业务策略的冲突出现，此时高绩效团队建设过程需要的"减法"就是减少破坏性冲突的发生。管理者能否有效应对这些冲突且带领团队快速化解冲突，是打造高绩效团队过程中影响成败的关键之一。

1. 冲突与绩效的关系

　　冲突是指有关双方在观点和立场上的对立或对抗，是一种在满足各自需求的过程当中遇到了阻力或力图超越现状的心理紧张和压力。

　　冲突形成的原因有很多种。个体冲突产生的相关原因有个体的差异、想法观念差异、生活背景差异、行为风格差异、行业差异。团队冲突产生的相关原因有组织当中的分工不同、立场不同、利益不同。可以说，在任何一个组织之中，冲突都是无法避免的。

　　冲突可能导致绩效的降低，也可能导致绩效的提升，就看它是建设性冲突还是破坏性冲突。最佳的绩效有赖于适度冲突的存在。

　　情景 A：当团队没有或有较少冲突的时候也就意味着大家总是追求表面的和谐，相互的妥协，或者不在意业务的结果，很容易陷入盲区或者是对业务不负责的状态，因此团队成员之间比较冷漠，团队缺乏创新精神。

情景 B：当团队有适度的冲突且冲突的类型属于建设性冲突时，团队的活力是很强的，每个人都愿意公开发表自己的观点，提出创新想法以及对别人观点的质疑和批判。这种状态能让团队的项目始终处在一个正确的维度，并减少盲区的存在，绩效也会达到更高的水平。

情景 C：当一个团队的破坏性冲突极严重的时候，成员彼此不信任，刻意不合作，甚至进行人身攻击及诋毁，于是秩序被破坏，团队的绩效处于极低的水平。

同压力与绩效的关系类似，适当的冲突也会带来卓越的绩效表现。冲突与绩效的关系如下图所示。图中的第一、二象限都有高绩效的结果，适当的冲突有助于不同的观点与意见出现，兼听则明。第三象限是表面和谐，但实际相互妥协的状态，好的意见与建议难以出现。第四象限要杜绝，冲突型团队已经产生，成员彼此不断内耗，团队产能很低。

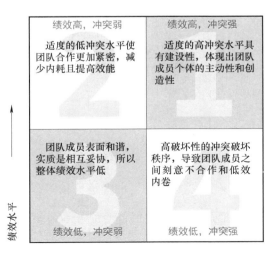

2. 冲突的5种反应

概括来说，冲突的5种反应模式如下图所示：

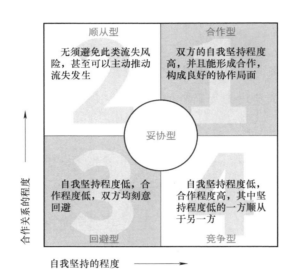

合作型（第一象限）：既自我坚持也关注合作关系。

顺从型（第二象限）：关注合作关系大于自我坚持。

妥协型（中间位置）：部分关注合作关系和部分自我坚持。

回避型（第三象限）：既不关注合作关系也不在意自我坚持，例如冷战。

竞争型（第四象限）：只自我坚持，不关注合作关系。

竞争和顺从都是一赢一输的关系，是一场零和博弈；回避虽然提供了更长的冷静期，但如果没有任何推进就是双输，也就是负和博弈；妥协是介于赢和输之间的一种过渡状态；我们倡导的是在遇到冲突时要有双赢的合作思维，做正和博弈（1+1>2）的事情。在做业务的时候，你要去思考是与对方合作还是不与对方合作，以及你要妥协还是要坚持自己的观点。如果要关注与对方的关系，这就意味着你要从更长远、更宏观、更全局的视角来判断到底选择哪一种模式才是可持续的。如果这件事情你一定要干成，只有干成了才有利于公司的业务，那么这个时候你就可以选择强硬。例如，公司的质量负责人为了让公司的产品质量保持稳定，可能对产品的衡量指标要求更高，而业务部门想满足质量要求会付出很多，这个时候质量负责人必须坚持让业务部门的人理解，坚持高质量是为了让公司走得更远。再比如做一个项目，我们团队有一个方法 A，对方团队有一个方法 B，那我们是否能够找出一套方法是融合 A、B 的，让双方都能满意，这是我们最终想要达到的目标。管理者可以根据要达成的目标及人际关系维系，选择相应的反应与举措。

有这样一个化解冲突的故事，最终达成了 1 + 1 > 2 的正和博弈。

在一个风雨交加的夜晚，你开着一辆车行驶在路上，当你经过一个车站的时候，你发现有三个人正在等公共汽车：一是就快要死去的一个生病的老人；二是一位医生，他曾经救过你的命；三是你梦寐以求的一位女士 / 先生。老人快要死了，良知告诉你，你首先应该去救他；或者你选择先让那个医生上车，因为他救过你，这是一个很好的报答他的机会；但是一旦你错过了这次跟梦中情人相处的机会，你可能很难再遇到这么让你动心的人了。那当这种情况出现的时候，你会选择先让谁搭载你的车呢？你的车很小，目前只能坐下一个人，你会选择哪一位呢？请解释一下你的理由。

我们会发现有一个答案非常好：就是给医生车钥匙，让他带着老人去医院，而你留下来陪你的梦中情人一起等公共汽车。虽然这是个很简单的故事，但我们往往很难放下手中拥有的，也就是车钥匙。有的时候如果我们能放弃一些固执和一些成见，重新做一个重要紧急的排序，往往能得到更多化解冲突的方案。

3. 如何激发建设性冲突

建设性冲突会支持群体的目标，提高群体的工作效率，产生更高的决策质量、更有创意的方案、有效的激励手段等。大家对同一目标理解一致，并且彼此愿意接受对方的观点，以客观实际问题为中心，让沟通不断增加，因为有了不同的思想见解才能有碰撞，才会探讨得更深入，形成各种不同的方案，才会有比较性，才能衡量哪个方案能实现利益最大化及价值最优。不同的冲突之间也能相互激发，取长补短。

要激发更多的建设性冲突，双方在商谈的时候要注意维持彼此自由的环境，建立一个畅所欲言的安全氛围。在表达自己观点的时候更多地对事不对人，多从对方的立场考虑，具备同理心，学会换位思考；权衡双方的利益有哪些，寻求的共同点有哪些；再重新考虑一下任务优先级的排序可以如何调整；最后，做出协议，既要解决这个复杂的问题，又要立足于组织利益，并兼顾个人的价值体现。为了激发建设性冲突，双方要实施提案的奖励政策，谁提出了好的观点和想法，管理者就要鼓励他并给予支持；建立一个公开透明的竞争环境，并且允许有不同的见解或有观点的人带动发表更多的意见；同时可以考虑引入"外脑"，找到行业的专家来参与会议，给予更多的意见和建议，因为行业的专家相对来说利益关系并不是非常明显。

【行动地图】

1. 勇于面对冲突，将冲突视为机会。

2. 将重点放在解决冲突上，对事不对人，避免人身攻击。

3. 以解决问题、消除冲突及维系关系的正面态度来化解冲突。

4. 在达到负面影响前积极迅速地处理冲突和争议。

5. 在发生冲突的情况下尽量弱化冲突双方的差异，更多地强调双方的共同利益，从而达成一种协调商议的局面。

6. 从各种相关渠道收集信息以了解冲突，帮助冲突双方共同了解冲突的内在原因，分享双方的信息，提出或寻求创造性的解决方案来平衡双方的需要，并取得合作。

7. 清楚地总结讨论结果，确保各方了解达成的共识和需要采取的行动。

6.3 乘法：× 建立信任，合理授权

为了提高生产效率，让生产效率获得乘法式增长，管理者懂得授权是非常重要的。有些管理者习惯于事无巨细地打理每件事务，在管理者的职责范围或业务规模还比较小的时候，这或许还能行得通，当管理者的职责范围不断扩大，事务越来越繁重的时候，亲力亲为的管理方式就行不通了。这时候管理者要做的就是授权，将一部分工作委托给下属，让他们在你的指导和监督下完成这些工作。只有适当地授权，管理者才能释放自己的手脚，把更多的时间和精力放在更重要的事情上。

一般来说要实现有效授权，你需要确定可以授权的工作，确定授权的时机，选择合适的被授权者，并掌握一些授权技巧。为了更准确地判断授权时期，你可以运用以下问题来确认此时是否应该授权：

你是否正在做员工可以做得很好的工作？

你是否经常感到工作繁重不堪，难以应付？

你是否经常加班，甚至误了进餐时间，或者把公事带回家？

你是否因工作关系而无法享用每年的假期？

你是否经常花很多时间用于处理许多标准明确的常规性工作？

你是否几乎没有时间考虑本部门、本公司的发展战略？

下属完成这些工作对你来说有确实的帮助和益处吗？

下属中有人能以与你接近的质量和时间完成这项工作吗？——即使结果可能没有自己做得理想，但基本上也在可接受的范围之内？

如果你在明天之前不能做完这件事，而下属中有人能在今天就完成同一项工作吗？

如果以上很多问题的答案都是肯定的，说明授权的时候到了！

1. 授权的目的

授权前对被授权者做相关说明，告知他们这项工作的性质、目标和授权目的，让员工明白你希望得到的结果、完成期限以及结果如何衡量。清楚地解释授权任务，提供有助于成功完成任务所必需的资源。如果你善于授权给员工，他们会感到很荣幸和受到了重视，这样他们就会竭尽全力满足你的期待，这是真正的激励。有时候权力就像手中的沙子，你攥得越紧，反而流失得越快。

我们可以归纳出授权的重要作用。正如沃尔玛创始人山姆•沃尔顿说过："一名优秀的经理，最重要的一点就是懂得授权和放权。"他们往往乐于并善于将权力分配给下属，懂得该放手时就放手，为下属创造一个施展才华的舞台，而不是担心一放就乱。首先，授权可以减轻管理者的工作负担，使他们有更多的时间和精力集中在那些更重要的事情上；其次，授权有助于激发员工的积极性和主动性，并在此过程中提升员工的能力。当员工因为被授权而感受到你对他的信任时，就会努力完成你交给他的任务，并逐渐成为可以独当一面的人才；最后，对于公司来说，授权还能提高公司的整体绩效，员工受到授权的激励，在工作中更能发挥他们的创造力和积极主动性，自然会提高团队和公司的运作效率。

2. 适合授权的人

对于需要具备相关技能的工作，如果员工已经具备了一定能力，你就要给他授权以锻炼其能力。对于自己不擅长，而其他人擅长的工作，如果员工在处理某项业务时，花费的时间财力成本比你低，你可以考虑交由他去完成，例如你对法律和会计并不熟悉，将此类专业事务交给更合适的人去做，会获得更好的效果，也可以帮助员工学习和成长；而对于资料收集与整理数据统计等日常事务类工作，这类工作不需要太多的专业知识或经验，可以放手交给员工去完成。简单的工作也适合授权，作为管理者，你只要对工作进展加以关注和监督就可以了。

下面来总结一下确定最佳人选时要考虑的关键因素。

为了确定授权的最佳人选，你需要考虑每个人的：

- 能力：是否有处理类似事情的经验，经验越新越好。
- 精力：个人精力和时间是否充沛，能力不够可以快速学习。
- 动力：积极性、主动性，通过对这件事情的态度和意愿判断。
- 发展需要：期待挑战新的领域，有个人成长的诉求。

例如，陈北北团队中的每个人的授权决定因素如下：

成　　员	工作能力 （是／否）	工作精力 （是／否）	工作动力 （是／否）	发展需要 （是／否）
张小团	是	否	是	是
老滴	否	是	否	否
阿度	是	否	是	否

3. 完善的授权计划

授权的时候你要明确自己授权的目标，让员工知道他要解决什么问题，以及项目背景有哪些；告知员工授权事件的重要性、紧急性如何；让员工了解这对他个人职业发展的益处有哪些；交代整个授权的范围有多大；让员工清楚他负责这个项目的哪个部分，都有哪些具体任务以及需要什么样的技术；告知员工硬件的需求储备、你期望的产出值，以及衡量的指标结果是什么。此外，要能够清晰地告诉对方，授权之后这个项目的时间范围、最后期限、可能遇到的问题和风险，在过程当中你怎样去做追踪式管理和把控整个项目的方向。

明确授权的职责：

- 目的、重要性和益处。

- 总体范围和具体任务。

- 需要的技术／设备。

- 产出和结果。

- 绩效期望。

- 时间范围、最后期限和障碍。

当管理者对不同的员工授权时，应确保使每个人的分工明确，避免有交叉重叠的部分。有效的授权需要管理者充分考虑在执行任务时应给予被授权人多少职权。确定被授权人的职权级别并不总是件容易的事情，被授权人可能无法把握全部职权。

为确定职权级别，请考虑：

- 被授权人与工作相关的经验和能力。
- 被授权人完成任务的工作动力。
- 任务的复杂性。
- 任务的重要性和要做的决策。
- 你必须消除的潜在负面影响。

提供所需支持：管理者应该非常肯定地表示自己对员工的信任，告诉他选他去做这份工作的原因，给他以鼓励和肯定，这样有助于激励员工更好地完成工作。同时，让其他人知道授权的发生。授权的工作必定会涉及其他人，为了减少被授权人在工作中可能会遇到的阻力和反对，管理者应该向与这项授权任务相关的人说明。此外，管理者还需提供定期辅导、培训、信息共享、专业人士指导等。

授权完成之后，管理者就需要进行阶段性的监控衡量，追踪被授权人的进度目标是否能阶段性地达成，及时提供辅导。在追踪的时候可以采用正式和非正式的追踪方式。正式的追踪方式包括帮被授权人制定里程碑，提供反馈，主动辅导，然后适当地重新考虑和调整计划；非正式的追踪方式包括及时地询问、了解其现在遇到的问题，迅速地评估项目的进度，对被授权人的现有阶段成果加强鼓励和提出有效的改进建议。

【行动地图】

1. 在适当的范围内，根据团队成员的强项、兴趣和发展需要，明确而坦然地将决策权和工作职责委派给适当的人，达到广泛分担责任和职责的目的。

2. 与被授权人清楚地沟通委派的权力和职责，包括权限的范围、明确的目标、必需的行动。

3. 向被授权人建议可用的资源并在需要时提供协助或辅导。

4. 相信被授权人能够自主完成任务，并表达对他们的信心。

5. 使用适当的追踪方式以了解责任委派的情况及结果。

6. 包容团队成员由于经验不足而造成的失误，帮助他们复盘，并鼓励其再次尝试。

6.4 ▶ 除法：÷屏蔽沟通，协作共赢

1. 沟通的影响因素

影响团队协作沟通的因素错综复杂。一是认知不同。例如，大家对一件事情的目标不一致，格局不一致，信息不对称的时候，每个人所拿到的地图都是地图的一角，这样很难拼成一个完整的板块。二是利益不同。因为有了分工，所以有了不同的部门、不同的职责、不同的岗位，每个人的利益又决定了立场，因此很难达成一致。三是缺乏信任，所以很难去主动帮助别人。信任的质量决定关系的质量，关系的质量又决定了任务的质量，关系不好会直接影响所要达成任务的效

果。大家在目的地、使命、愿景、方向都不一样的情况下很难去沟通，甚至会屏蔽沟通而选择冷战。要警醒的是，个体越专业会越难沟通。尤其是个体处于不同的地域、不同的时差之下的时候，沟通更是难上加难，沟通成本也会随之上升，这也是管理者经常发愁的事情。

当然，沟通还会存在其他影响因素：

- 表达方式——书面的、口头的、面对面、线上和线下。
- 互动频次——健身（共同爱好和兴趣）、聚餐（情感交流）等活动的频次。
- 团队文化——"一把手"将决定部门的团队文化风格。
- 领导风格——掌控型、影响型、稳定型、严谨型，根据业务发展特点和团队发展阶段决定。
- 地位不平等——自己的真实想法不能有效表达。

总之，有非常多的因素都会对沟通有影响，需要我们不断找出立场背后的利益，获得双方都满意的结果。"对问题坚定，对人温和"是管理者共同的目标。

2. 团队沟通技巧

团队协作的关键秘诀是寻找共同利益。如下图所示，其他部门的利益和自己部门利益的交集就是共同利益，基于共同的利益设计出协作方案，再延伸、升级，思考两个部门的利益跟公司的利益有什么样的关系。从公司经营的第一性原理来说，公司是要为客户提供服务与价值，那么在两个部门之间的利益和公司的利益，以及公司为客户提供价值的利益之间找到最大交集，方能均衡地实现客户买单、公司满意，又符合协作部门的利益，自己团队也有所得。

你看，我们两个部门的利益交集只有这一点。

不对，要把客户利益和公司利益的交集当作我们共同利益的目标才好。

客户利益

A部门利益　　　B部门利益

公司利益

在我们与其他部门配合的时候有各种各样的情境，基于不同的情境要因地制宜地与对方建立好互动关系。

如何提升跨部门沟通水平，具体措施可参见下表：

序　号	情 境 设 定	提升跨部门沟通水平的措施
1	从未合作过的两个部门要进行项目合作	生人：表诚意、建信任、小目标
2	刚刚发生冲突的两个部门要组建联合项目小组	"仇人"：担责任、长教训、达共识
3	有过合作失败经历的两个部门要进行项目协作活动	故人：先复盘、做改进、解忧虑
4	与强势部门的第一次协作活动	强人：给尊重、讲原则、立规矩
5	针对某工作任务，两个部门给出了截然不同的两个方案	异人：出发点、立标准、共认知

【行动地图】

1. 以充分的理由来解释合作行动的价值，并以成为团队的一员而骄傲。

2. 善于通过正式及非正式的形式与他人进行沟通，及时了解他人的需要和观点，澄清自己的要求和认识，以便迅速明确问题，达成默契，开展工作。

3. 提供必要的资源及相关的信息，协助克服障碍以促进团队达成目标。

4. 努力在团队中建立并保持相互合作、相互支援、共同发展的信任关系，以多样化的方式解决冲突和矛盾。

5. 举行团队成员参与性会议，制订团队成员参与性流程。

6. 思考团队沟通当中的共同利益有哪些，寻找最大的交集，把蛋糕做大。

理业务

第 **7** 章　业务规划的加减乘除

业务规划中，上接战略是基本的"**加法**"。在战略落地的过程中经常会出现"想法很丰满，现实很骨感"的情况，实则是缺少有力的制度流程保驾护航，因此，管理者需"**减少**"流程上的缺失。业务是大家一起协作完成的，成员对于业务目标的正确理解与达成共识可以起到"**倍增**"的作用，只有认知升级，拥有全局视野，才能保证规划的有效性。业务出发点的第一性原理是客户，满足对象客户的需求才能让一切活动具备意义与价值，因此业务规划中的"**除法**"要解决的是对客户内在需求的忽视，否则再好的业务规划也是纸上谈兵。

本章 公式

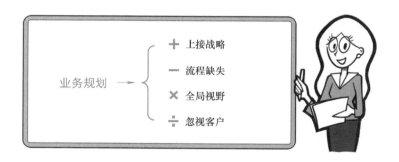

7.1 加法：＋上接战略，下落任务

任何一个业务规划，其实都是在化零为整的基础上设计出来的。有了对分解工作充分而清醒的认知，那么进行年度业务规划就会有多个支撑点，接下

来就是对规划的实施了。规划这个词其实有两层意思：第一是规（起航——务虚），映射到战略方向；第二是划（落地——务实），映射到任务落地。只有两者结合才能制订出可实施且可执行的规划，偏重于任何一方面都会导致规划最终失效。

1. 高层设计战略

不同的角色有不同的规划角度，高层管理者的规划视角会更多地偏向务虚，他们更多思考的是未来是否能赢，未来要做什么，用终局看布局，思考规划中公司做对了什么、做错了什么、错过了什么，分析行业趋势、愿景设定、用户定位，规划业务（业务架构、在线系统、运营系统）、人力（责任架构、专业担当、绩效管理）、财务（预算管理、现金管理、合规内控），这样才能明确公司和部门的未来发展方向。

2. 中层上传下达

中层管理者的规划要做到务虚与务实相结合，并且要思考上级战略与安排，明确想做什么和能做什么。"想做"这部分通过经理会，在公司使命、愿景、价值观层面和团队已经有了统一的认识；而在"能做"这个大项里，中层管理者需要做好团队能力的评估与资源的调配。中层管理者既要务虚更要务实，想达成目标必须规划资源，对自己团队的业务、团队、流程、目标都要有统筹安排。从业务上来说，中层管理者不仅要能听懂多维度的需求，包括长期、短期、变化、稳定、效率、效益等需求，更要主动挖掘需求，对业务各方的需求规划做到心中有数。

对于任务目标这件事，中层管理者需要以"坚持把事儿做成"为宗旨，明确目标后进行拆解，从公司战略到项目拆解、关键结果、项目排序，落到每一个小任务；再根据轻重缓急、从易到难等角度去拆解、排序，将不可能的任务变成可实现的目标。从容易的开始，逐步推进，难的也变容易了；从难的开始，容易的也变难了。

3. 基层落地任务

管理者可借助 OKR（目标与关键成果法）工具做目标拆解和任务跟踪，让团队成员确立自己的目标；实时跟进 OKR，调动团队的主观能动性、创造性；聚焦目标，提升执行效率，让上下级、左右合作部门有机相连，形成网状组织，更好地推动规划的执行。管理者应按照任务拆解法画出思维导图，按照这个导图对照自己的资源将不足部分列出应对的解决方案，当自己的年度业务规划已经完全清楚了，后面就可以设定截止时间、跟进人责任。

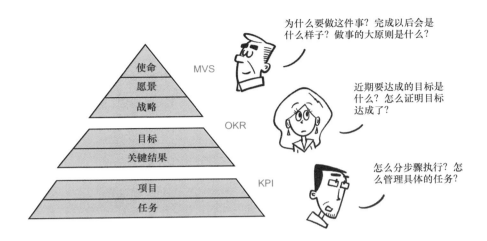

"谋定而后动，知止而有得。"在制定规划时，最重要的是务实。管理者要反复给团队成员讲解、拆解战略，让员工做到听懂、看到、想透三件事。从战略到战果，还需要时间去验证，业务规划就这样在不知不觉中逐渐清晰，逐渐深入人心达成共识。团队基于公司的战略，制定业务规划，管理者带领团队有条不紊地一起执行，将任务落地。

【行动地图】

1. 理解组织的愿景、发展方向以及发展战略，根据上级下达的任务确定目标。

2. 准确界定实现目标所需的时间、各阶段的节点和产出，以及人员分配。

3. 考虑计划实施过程中的各项资源和关键成功要素，确保计划具有可行性。

4. 预见将要出现的问题和障碍，并完善计划。

5. 高层管理者的规划要务虚，以战略型思维主导规划方向，以结果为导向。

6. 中层管理者的规划需要兼顾务虚与务实，不仅要思考团队要去向哪里，更要思考如何去执行规划。

7. 基层员工的规划重点是务实，做到听懂、看到、想透三件事，踏实做好工作，争取成为团队关键成员。

7.2 减法：—流程缺失，建业务流

很多员工会说："公司没有所谓的流程，我们公司追求灵活创新，流程影响效率，日常性工作大家都知道怎么干，没必要专门建个流程。""业务变化多端，不确定因素很多，流程说不定一建好就过时了。"公司规模很小的时候，流程的作用确实很难显现，但当公司规模很大的时候，流程可以说是提升效率的制胜法宝。如果不重视流程，公司就会因为缺乏规范而陷入混乱。流程制度分为两个维度，一是事件维度的流程，二是人维度的角色职责分工。

1. 梳理工作流程

一天上午，陈北北找到阿度，让他去问问研发组那边 A 产品的测试进度如何了，A 产品上线发布的时间快到了。阿度找到研发组，问了两个人才知道小新是负责这个产品测试的。小新说："别提了，开发那边的文件包总完成不了，扔过来的东西总也测不过去，别说你了，我们也想知道他们到底在搞什么啊！"阿

度找到开发组，想问问他们的代码什么时候能完成。负责人说："设计那边总在变，我们这边也天天跟着改，你该去问他们，我们也不想白费功夫！"阿度又找到设计师。设计师说："这不是你们那边需求一直定不下来吗，我也没办法啊！"阿度转身回到部门，找到陈北北，很无奈地说："运营那边给的用户需求，上周就跟开发提了，他们说可能做不了，得看排期，总是这样！"下午，阿度再次找到小新，小新说："我们当然做不完用户需求的所有功能！关键看你们那边需求评审的时候，这个需求优先度怎么排，这个不确定下来，我们怎么知道是不是一定要加在这个版本里做啊？"第二天周会上，陈北北问道："阿度，测试那边进度怎么样了？"阿度红着脸，支吾着说："还没问到结果……"陈北北一听就急了："怎么会呢？这个产品又不是第一次迭代了，就这么几个人你都问不明白？"阿度低下了头，无奈地叹了口气……

从上面这个事情我们可以看出，流程不够清晰，职责没有边界，管理者是第一责任人，管理者需要带领团队完成团队内部以及外部的流程梳理。管理者可将重复的事情按照三要素——输入、活动、输出来建立流程（可以绘制泳道图），用系统思维进行全局把控，减少工作错误和减轻压力，让工作更加轻松，将团队的关注点转移到更重要的工作目标上。作为阿度的管理者，陈北北重新梳理了关于产品迭代的流程图，帮助日后团队快速打通工作流程。

工作的流程以战略导向为方向，从端到端中间要避免缝隙，任务要不重不漏，同时逻辑要清楚以方便人们理解。工作流程梳理完之后可以在协作团队与自己团队内部共享。管理者应关注流程流转周期，根据业务需求制定中间审核步骤；确定相关人员评审的内容和标准流程执行指标，确定每个步骤的关键输出和关键指标、流程优化指标，确定启动流程修改的触发条件，便于随时迭代。

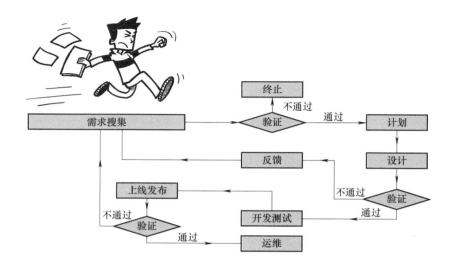

2. 梳理岗位职责

在陈北北的团队里有个行业经验丰富、专业能力很强的技术专家，加入公司1年多，表现优异。陈北北有意重用他，就把手上一个重要项目团队交给他，让他作为负责人带领成员工作，希望更大地发挥他的价值，也希望推动他的成长。然而接下来的情况却和预期差距很大，陈北北发现他很忙很累，但是项目进展滞后，团队的氛围也很沉闷，士气不佳。

陈北北了解原因后，发现原来他把项目中所有的核心任务都安排给了自己，团队的很大一块工作量都压在了他一个人身上。项目成员中经验丰富、能力不错的人"使不上劲儿"，年轻有冲劲的人整天"打杂"也不甘心。陈北北问他的想法，他说："管人太麻烦，有时候想让他们把事做得好真的好难，还不如自己做……"

其实事情规划得再完整细致，最后还是离不开干活的人，如何才能真正做到把合适的人放到合适的岗位，这比规划事情难多了。

　　拿项目中的报销流程来举例。管理者首先应快速梳理出一套清晰的报销流程，涉及全部过程中谁是主要责任人、谁执行、咨询谁、告知谁；后期再和系统做对接与匹配，让系统去智能地完成跟进与提醒，在流程上做到及时监控，以此来提高界限与职责的清晰度，如下表所示。此表在建团队的加法中也有提及，你可以从建业务流与人力分工双维度再次设计与思考。

任务 / 行动 / 步骤	员　　工	秘　书	主　管	地区财务
1．登记费用	A（负责，Accountable）/R（执行，Responsible）			C
2．填写费用报销表	A/R			
3．递交到主管	A	R		
4．审核报销表	C（咨询，Consulted)		A/R	
5．批准报销表	I（告知，Informed)		A/R	
6．递交到地区财务		R	A	

【行动地图】

　　1．有制度意识，力求建立并不断完善各项规章制度来规范企业运作。

　　2．了解优秀的制度模式，并且能够结合组织的战略规划与业务流程，搭建和优化符合企业实际的、系统化的管理与运作制度体系。

　　3．在制定或修订制度时，能够将各种管理与运作制度进行有机整合，保证制度体系的完整性、系统性和一致性。

　　4．对于企业管理的各个方面都有宏观的把握，使制度能够相互支持与衔接。

　　5．有坚持按制度办事的决心和魄力；同时，使制度得到切实贯彻与执行，而不是流于形式。

6. 根据执行情况对制度进行客观的评估，对有缺陷或因工作任务的变化而需要改进的制度，及时进行修改或重建。

7. 准确界定达到目标所需的时间、各阶段的节点和产出，以及人员分配。

7.3 乘法：× 全局视野，认知升级

管理者只有不断培养思维认知，才能做高瞻远瞩的规划，并且提高决策的准确度。能力的提升来自持续的学习。管理者的认知能力是一个公司的核心竞争力。其他生产要素，比如现金、资源等，都是显性可以构建的；而认知的升级、全局视野的提升在管理者能力中是相对隐性的，管理者对某件事情的认知越深刻，就越有竞争力，资源获取也就越全面。对于任何一家初创公司，管理者的认知范围与半径都决定了企业的范围。你做不了认知范围以外的生意，如果其他管理者的认知常识是你的认知上限，那么你就已经落后且完败了。

1. 警惕固定性思维

举两个固定性思维的案例，一个是固定性思维变成了一种习惯却不清楚背后的原因的例子，一个是因为固定性思维而被对手打败失去市场份额的例子。

案例一：你知道牛仔裤的小口袋是干什么用的吗？

牛仔裤诞生于 19 世纪中期的淘金热时代，起初，它是被工人们广泛接受的，

因为它具备一个特点就是耐磨、结实。对于当时的淘金工人，牛仔裤上的小口袋最初是用来放怀表的，因为他们的工作不适合戴手表，而怀表就不怕了，牛仔裤上的小口袋可防止怀表滑落而被刮伤，慢慢地它成了一个代表性标志，虽然现在人们已经不使用怀表了，但这种设计还是流传了下来。

案例二：礼来公司是全球领先的胰岛素生产商。该公司经过不断投资和不懈努力，使胰岛素中的污染物含量下降很多。由于胰岛素是从已经碾碎的牛和猪的胰脏中提取的，提高胰岛素的纯度就成为一种至关重要的核心能力。20 世纪 80 年代初，在投入了近 10 亿美元的资金后，礼来公司的优泌林胰岛素终于问世，优泌林的售价比动物萃取胰岛素高出 25%，因为它的结构与人类胰岛素相同，而且纯度达到 100%。优泌林是生物科技行业推出的第一种作用于人体的商业产品。但市场对这一技术契机的反应却不那么热烈，优泌林的销售增长率也出人意料地低。之所以如此，还有一个重要原因就是半路杀出来的诺和诺德公司推出了胰岛素注射笔。礼来公司的成功经验就是不断提高胰岛素的纯度，它靠这个赢得了市场，因此它认为未来的成功依然要靠这个经验，从而形成了一种固定性思维。然而用户的需求却是使用方便。

我们也形象地称之为"驴拉磨"，就像是一只被蒙上眼睛的驴子，一直盲目地走在自己以往的"轨道"上，这样就带来了三重战略上的危机：第一重是核心竞争力固化，盲目地走在自己的轨道上，感知不到威胁事物的变化。就礼来公司而言，这个变化是什么？那就是胰岛素的采购权已经逐渐从医生那里转移到了患者的手上，很多制药商开始关注患者的感受，诺和诺德公司就是这样做的：我们的客户不是医生，而是那些病人，我们要关注他们的感受和体验。第二重是核心竞争力过度化。礼来公司的核心竞争力已经超越了客户的实际需求，而且也浪费了公司的资源。当它满心认为自己投入巨资的成果能够一统胰岛素市场的时候，半路杀出了诺和诺德公司，令它措手不及。第三重就是核心竞争力老化，这个伤害其实是最大的。柯达公司就受到了这样的伤害，其生产相纸的核心竞争力在数码时代面前就显得过时了，在新的战场上这些优势都变成了劣势。过去几百年人类的进步正是源自不断地改变对资源的定义，打破固有的资源限制与约束。

2. 认知升级的重要性

变化的未来并不可怕，可怕的是，在变化的未来，我们仍然沿用过去的逻辑；不确定性不可怕，可怕的是我们拿着旧地图找新出路。不要用过去推导未来，要用未来推导现在，也就是所谓的"终局思维"。

规划思维有三种层次表现：三流规划，行动迟缓；二流规划，快速应对改变；一流规划，主动求变。只有极少部分的管理者，才有这样的终局思维。PayPal公司的联合创始人彼得·蒂尔在面试的时候喜欢问候选人这样的问题："在哪些重大的事情上，你和绝大多数人的意见不同，为什么？"当下你也可以问问自己："在哪些重大的事情上，我和绝大多数人的意见不同，为什么？"彼得·蒂尔在呼吁什么？创新。创新是应对竞争最好的方法，创新意味着颠覆，可以避免无畏的竞争。

微软的CEO萨提亚·纳德拉带着微软开启第二增长曲线，这个成绩堪比杰克·韦尔奇所获得成绩。他2014年接手微软，8年时间，微软市值涨了近7倍，超过2万亿美元。他在3年的改革历程中，在业务上找到了第二增长点：移动＋云。当然，难度最大的是对企业文化的变革，这好比重刷了操作系统，所以他自己写的书就叫《刷新》。他提出自我刷新的三个关键步骤：拥抱同理心 ＋ 培养

"无所不学"的求知欲＋建立成长型思维。"成长型思维"理念来自卡罗尔·德韦克的《终身成长》，鼓励大家大胆试错＋快速改进，保持好奇＋不断学习，敢于打破以往的边界。"用过去推导未来"正是很多企业规划迭代周期很慢的原因。

天下武功，唯快不破。上乘的规划都讲究一个"快"字，从无法跟上外部环境的变化而被抛弃，到能够应对变化做出快速改变，保持规划的动态性和适应性，到最终企业主动引领变化。主动变化比反应能力更为重要，萨提亚·纳德拉不断改进当前战略，能够快速推动创新，这些创新是引领变化的。经验数据表明，85% 的企业有三流规划能力，10% 的企业有二流规划能力，只有 5% 的企业有一流规划能力。有意思的是，这是一个动态的分布，曾经有一流规划能力的企业，在经历成功之后，往往会沦落为有三流规划能力的企业。这也说明管理者需要持之以恒的认知升级。一个优秀的管理者能够看到自己认知的不足。在一定程度上，"成功是失败之母"，促使业务获得成功的因素为业务谱写了走向死亡的进行曲，因为有些在业务规划上获取成功的企业，往往会面临着业务惰性、能力惰性和人员惰性的三重困扰。

1）业务惰性。大家深信过去公司成功的法则会延续下去，基于过去推测未来，未能及时改变业务及推动业务转型和战略创新。

2）能力惰性。公司已经熟练掌握与战略匹配的核心能力，舍不得放弃，对重构一项新的能力大家既陌生又恐慌。

3）人员惰性。没有人喜欢改变，他们会抗拒公司调整战略和组织结构，让他们去执行一个他们不熟悉的新战略。他们的速度就像电影《疯狂动物城》里的"树懒"。

思维定式往往会禁锢住我们，在商业领域更是如此，运用固定性思维的管理者就会有很强的路径依赖。因此，企业需要做到"快战略"，在保持增长、提升规模的同时，还要时刻保持小企业的敏捷。认知是一个不断迭代的过程，每一次认知的升级和迭代都会带来业务规划的飞速提升。有了合理的规划以后，最难的是团队中的共识，上级与下级要心往一处想，劲往一处使，通过共识会、战略研讨会、站立会，在各种场合反复拉通与贯彻，实现信息透传。

3. 如何做到认知升级

我来介绍一个比较实用的方法，这个方法叫作"认知模式扫描仪"，一共分为4个步骤。

第一步：反思之前的认知模式。

第二步：追踪认知模式的起源。

第三步：判断起初的条件是否还存在。

第四步：设计新的认知模式。

认知模式扫描仪就是要让我们"悬挂假设"，先将曾经的"成功经验和制胜法则"当成假设，悬挂在眼前，然后不断地进行质询：这些假设的起源是什么？它是从哪里来的？当初成功的条件还存在吗？如果不能克服头脑中的组织防卫，我们就会习惯性地进行"跳跃式推断"，在大脑中不断"下载"过去的认知模式，只看到自己想看到的，注意力也是放在过去不是放在未来，无法"向正在生成的未来学习"。有一个概念叫"破坏性创新"，是克莱顿·克里斯坦森在《创新者的窘境》一书中提出的。熊彼特认为，具备创新精神的企业家是推动创造性破坏的变革者。

在企业家眼里，经济学家讲的那些给定条件都不是给定的。消费者的偏好不是给定的，市场需求不是给定的，而是企业家创造出来的，最重要的不是怎么样去满足原有市场的需要，而是要创造出新的市场；生产技术不是给定的，不是怎么样去使用现有的技术生产现在的产品，而是要创造出新的技术以生产不同的产品；资源也不是给定的，而是可以变化的，过去几百年人类的进步正是源自不断地改变对资源的定义。100 多年前，石油并不是资源，而是自然垃圾，甚至从石油中提炼出可以照明的煤油后，剩余的汽油也被认为是有害的废物。当人类有了内燃机和汽车后，汽油才变成资源。管理者只有不断升级认知，才可以帮助自己提高想象力和判断力。

如果我们把认知模式简单地定位为"对既有行规的认定"，那么改变认知模式的最佳方法无疑就是"打破行规"。打破行规，你就是在开展"破坏性创新"，这也是管理者的职责所在。管理者不是在给定约束条件下求解，而是要改变约束条件。借助新技术和新商业模式，我们已经看到了很多破坏性创新的战略实践：起初没有一家酒店的爱彼迎却成了全球大型酒店公司；没有一辆出租车的优步却成了全球大型出租车公司；谷歌公司或者百度公司借助无人驾驶技术，未来有可能成为全球新一代的汽车制造商；IBM 借助人工智能，可能会打破医生的铁饭碗……这些企业既不靠新兴的技术，也不靠创新的商业模式，仅仅靠认知升级，打破头脑里的"行规"，就创造了一个又一个战略传奇！

【行动地图】

1. 理解组织的愿景、发展方向以及发展战略，根据上级下达的任务确定目标。

2. 预估某种状况可能的结果或事态发展的结果，预估某个人或团队对某种情况、信息、计划的反应并基于此制订相应的计划。

157

3. 预见可能出现的问题或风险并制订突发事故的应急方案，预见将要出现的问题和障碍并完善计划。

4. 有广泛的个人及工作上的兴趣和追求，了解不同的资讯和想法。

5. 关注行业或者市场的趋势，为可能出现的机会或问题制订相应的计划或应对措施。

6. 尽可能广泛地从各个角度来看待问题或挑战，着眼未来考虑问题的各个方面和各种影响，听取各方的意见进行计划修订和确认。

7. 有全球思维，能够从全球的角度考虑商业因素。

7.4 ▶ 除法：÷ 忽视客户，重第一性

第一性原理最早由古希腊哲学家亚里士多德提出："在每个系统探索中存在第一性原理，第一性原理是基本的命题和假设，不能被省略和删除，也不能被违反。"企业是以营利为目的的，营利是由业务带来的，业务的对象与出发点是客户。所以在规划初期如果忽视给客户带来的价值，那么规划的方向就会南辕北辙。如果说管理的起点是员工，投资的起点是股东，那么业务的起点就是客户，这就是"第一性原理"。"第一性原理"的践行者、亚马逊的创始人贝佐斯在一次演讲中曾讲道："人们经常问我未来10年什么会被改变。我觉得这个问题很有意思，也很普通。从来没有人问我未来10年什么不会变。在零售业，我们知道客户想要低价，这一点未来10年不会变。他们想要更快捷的配送，他们想要更多的选择。"贝佐斯把亚马逊定位为"地球上最以客户为中心的公司"，他说："不

要问我们擅长什么，而要问我们的消费者都是谁，他们都需要什么。之后，我们要找到满足他们需求的方法。"成功的管理者往往不是以公司现有的资源和能力画地为牢、自我设限的，而是立足于外部市场的机遇和客户的需求，能够洞察本公司无限的战略潜力和增长机遇，关注并探究客户的需求，针对客户需求开展针对性的营销和服务。第一性原理给我们的一个最大的拷问是：你是问题导向、目标导向，还是本质导向？

1. 问题导向

什么是问题导向？在做企业咨询访谈的时候，很多高管会给我讲企业存在的各种问题，并且问我如何解决这些问题。刚开始的时候，我会很热心地针对这些问题给出一些具体建议。但是后来，我越来越觉得，这种解决问题的思考方式不是根本解，而是现象解——就问题而解决问题，很可能治标不治本。那这个时候，我就需要找到问题背后的问题，找到问题指向的目标，也就是目标导向。

2. 目标导向

面对一大堆问题，我们先暂时不要管这些问题（除非是救火式的紧急问题），而是回归我们的目标：

我们的预期目标是什么？

围绕我们的预期目标，最关键的达成路径是什么？

这么多问题中，哪些问题是和目标达成具有逻辑关系的？

哪些问题是问题背后的问题，一旦解决，其他问题都会迎刃而解？

目标导向的人，会心无旁骛，紧盯目标，在一步步达成目标的过程中，很多已有的问题会自然消失或者弱化。但是，还有第三种导向：完成目标背后的意义是什么？这件事情的源头是什么？这是本质导向的思考。

3. 本质导向

本质导向的思考方式，是回归事物的本源，看看源头到底是什么，如何用不一样的方式来达成本源的目的。举例来说，在以马车为交通工具的时代，一个很让城市管理者头痛的问题是，随着马车的增多，街道上到处都是马的粪便，导致了严重的城市卫生问题，很多人绞尽脑汁思考如何解决马粪问题。后来，汽车逐步替代了马车，人类进入汽车时代。汽车的发明并没有直接解决马车导致的卫生问题，却让这个问题消失了。

再拿自行车行业来说，在共享单车模式出现之前，原有的自行车生产商每天考虑的是什么呢？要么是解决现有的业务和管理问题，要么是如何实现自己公司的销售目标。但是，回归自行车行业的本源，客户购买自行车的根本目的是什么？是实现方便、快捷、省钱的短途交通。从这个本源出发，我们除了卖自行车，还可以干什么？还可以租自行车给客户。当然，在以前的时代，实时租赁自行车模式难度很大，管理成本过高，以至于无法实施。但是，随着智能手机、移动支付、地理位置定位 LBS 等新技术的出现，我们已经可以用可盈利的方式开展实时租赁自行车的业务。共享单车的业务模式并没有解决售卖自行车模式存在的一些问题，但是，它让这些问题变得无关紧要。

可口可乐的案例也是典型的本质导向。郭思达把可口可乐高管层的所有人聚在一起开了一次战略研讨会，他做了一次 5 分钟左右的演讲，这段演讲被定义为商业史上最经典的一次演讲。演讲内容大概是这样的："走马上任两个星期，我访谈了很多经理，发现我们内部经理人分成了两大阵营。一大阵营骄傲和自豪，另一大阵营则悲观和失望。无论你们是骄傲和自豪，还是悲观和失望，你们都是基于一个共同的事实——我们的市场占有率全球第一，达到了 35.9%。但是今天我要告诉各位的是，这个客观的基础，即市场占有率的数据，是完全错误的。"在座的经理人都听傻了，都认为这不会出错。公司每年都花很多钱请尼尔森公司做市场占有率数据的采集和分析，每年统计的数据都是非常正确的，怎么会是错误的呢？这时候，郭思达接着说道："据我观察，每个人平均每天要消耗 64 盎司（1 盎司 = 0.0296 升）的水，在这 64 盎司的水里面，可口可乐只占了 2 盎司。虽然我们的市场份额是 35.9%，但是我们占消费者的'肚子份额'只有 3.12% 而已。不要再认为我们的竞争空间在沃尔玛的货架上，在路边的杂货店里。我们的竞争空间在消费者的肚子里，我们要用'肚子份额思维'替代我们传统的'市场份额思维'。"

消费者喝可口可乐是"饮用"，不管是饥渴式饮用，还是快乐式饮用，都是喝下去，所以只要是能喝下去的产品，可口可乐都可以做。这虽然没有直接解决"可口可乐市场份额提升的问题"，但是解决了"可口可乐公司在消费者'肚子份额'的提升问题"。郭思达重新定义了可口可乐和可口可乐的战略，可口可乐被不可限量的前景唤醒。于是，陷入增长困局的可口可乐踏上了新的快速增长之旅，开始从单一的可口可乐扩展到纯净水、咖啡、果汁、茶饮料、运动饮料等领域。像郭思达这样具备战略思维的 CEO 并不多，大部分企业都不是真正的以外部为导向，而是以内部为导向。"由内而外"的企业，在战略转折点上是无法穿越死亡之谷的！其实，每个行业都是一个增长性的行业，企业之所以不增长是因为我们的战略认知没有增长。没有疲软的行业市场，只有疲软的战略思想，思考商业的本质与出发点就是用户第一性原理。

所以在做业务规划的时候，想要洞见用户的需求，找准第一性原理要有三个层次的思考：

问题导向，更多思考的是如何（How），能够就问题解决问题。

目标导向，更多思考的是什么（What），能够更好地达成目标。

本质导向，更多思考的是为什么（Why），能够颠覆式达成本源目的。

因此，管理者只有采用本质导向的思考方式，理清用户需求，抓住根本用户诉求，才能让公司立于不败之地。

【行动地图】

1. 关注内外部客户的需求，将客户需求视为第一要务。从内心到外在的言谈举止都能体现出对客户真正的尊重，善于为客户着想，真心为客户服务。

2. 取得第一手的客户资料，并用以改进产品和服务。

3. 进行客户服务培训，定义和强化客户服务标准，明确客户服务过程中的个人角色，为内外部客户创造满意的客户服务体验。从不同的渠道收集客户信息，增进对客户的了解，并开展有针对性的营销和服务。

4. 使用适当的人际互动风格与技巧来处理棘手的客户问题，赢得客户信心。

5. 以专业的方式及时解决困难问题，承担起维持客户满意度及忠诚度的责任。与客户共同探讨他们的情况与需求；探明潜在问题以创造更广泛的解决方案，清楚地说明解决方案是如何满足客户需求的。

6. 善于考虑既有事实、限制、竞争环境、优先事项及可能结果，为客户拟订策略性解决方案与行动计划。

第 8 章　执行推动的加减乘除

你的项目进展如何？

已经成功一半啦！

厉害，看来执行很顺利嘛。

执行？还没执行呢？我只是明确了目标，这是个好的开始，成功的一半。

所以项目完全没有进展……

明确目标就是进展啊。至于执行嘛，没难度。

你也太小看执行中的变数了吧！你现在要去哪儿？

我要去12楼，参加个会。不过有点奇怪，这会儿等了好长时间了，怎么电梯还不下来。

目标去12楼，很明确嘛。不过刚通知电梯坏了，你爬楼梯去吧，执行没难度。

163

业务规划是正确地做事，业务执行是把事做正确。再好的规划方向，若无法执行落地，就会像海市蜃楼一样转瞬即逝。管理者需要精心地设计、缜密地执行落地，才能让规划产生作用与效果，在这个过程中对于项目周期的把控、对进度的监督管理都需要具备科学性、系统性，如此才能起到"**加法**"的作用。管理者在将规划落地过程中会遇到大大小小的事件，如果一味地回避责任，犹豫不决，不能及时有效地做出决策，可能会错失最佳时机，因此要"**减少**"决策不定，迅速有效地制定科学决策，提高决策的正确率。企业的管理层需要具备系统思考与分析的能力，如此才能持续创新，实现快速迭代的"**乘法**"速度。不是到了年底或者项目结束的时候告知员工这次项目远远低于预期就可以了，对团队成员的打击与否认会破坏信任关系，执行推动中要"**除去**"跟进缺失，持续提供绩效辅导。

本章 公式

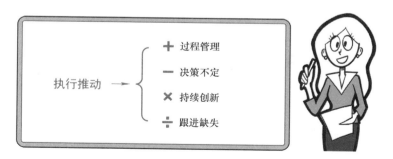

执行推动 →
- ＋ 过程管理
- － 决策不定
- ✕ 持续创新
- ÷ 跟进缺失

8.1 加法：＋过程管理，控制周期

每一位管理者都期望在规定的时间内、批准的预算内完成事先确定的工作任务，并且达到预期的质量要求。过程中我们采用各种途径和方法，监控计划的有效执行，化目标为行动，协调内外部资源，准时完成预定目标，明确过程管理措施，观察记录，并制订计划、制度和流程。然而，在项目落地的过程中，我们往往会发现市场变化莫测，需求变更层出不穷，项目千头万绪，计划扑朔迷离，工作分出去没了回音，管控时鞭长莫及，日志、记录、报告、总结等让人不堪重负。在人类漫长的历史当中有过极其宏伟的项目，例如埃及建金字塔，中国建长城，现代人看到这些极为复杂的景观都无比震撼。那么在项目周期与过程管理中的哪些科学方式能起到加法的作用？下面将从目标与路径、阶段性检查、过程风险管理三个方面介绍。

1. 目标与路径

首先，要基于工作量、任务量把项目目标按时间维度拆解，规划进度管理，定义这次项目的关键路径，排列活动顺序，估算活动持续时间，制订进度计划，过程中阶段性检查进度，使目标按时完成。在估算活动时间时，可以采用的估算方式包括类比估算、参数估算、专家判断、三点估算（根据最可能时间、最乐观时间、最悲观时间求均值得出），或者自下而上估算（自下而上估算自己各个单元的时间，再集合在一起算出的总时间）。各种估算方式的成本和准确度见下表。

估 算 方 式	类比估算	参数估算	专家判断	三点估算	自下而上估算
成 本	低	低	较低	较高	高
准 确 度	低	中	高	较高	高

其次，当项目总时间确定后开始设计甘特图，控制进度。甘特图是由美国机械工程师和管理学家亨利•甘特在 1910 年发明的，它是将子项目类型等维度放在时间轴上去计算与管理，形成一个以时间为驱动的二维矩阵，如下图所示。

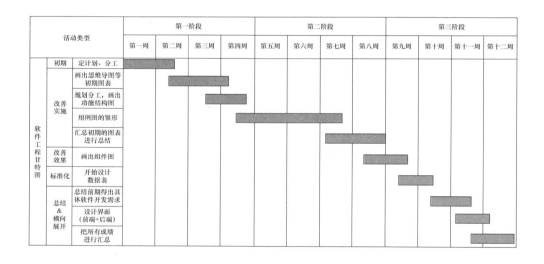

最后，当外部变幻莫测的市场环境发生变化时，公司也会遇到特殊情况需要加快项目进度，缩短项目时间。在资源不增加的情况下，一味压缩时间难免会导致各种各样的风险，管理者需要对风险提前预警，防患于未然。

2. 阶段性检查

阶段性检查是布置工作的核心，不抽查会导致难以挽回的结果。管理者在布置工作时可以与团队成员达成一致。

（1）定期常规汇报检查

定期常规汇报检查通常用于常规性、事务性的工作：①每周例会上进行进度汇报，这个是在布置工作的时候列入工作计划内的，要求成员们在组内例会上每周汇报工作进度。②以日报形式更新进度。在共享文档上更新进度，让团队成员随时看得到，有助于大家相互了解进度，以便于进行合作和监督。③也可以安排双周进行一对一汇报沟通。

（2）任务里程碑检查

布置工作时要求高，以大的事件为落脚点，设定任务里程碑，达到一定程度或数量之后，及时反馈沟通。例如：

1）线下店扩张，开到10家店、开到30家店、开到50家店的时候。

2）新产品上市前三周、上市前两周、上市前一周，公司都要进行这个倒计时。

通过这种阶段性的抽查来确保任务目标的一致性、资源匹配的一致性，以及最终结果的准确性。

前两种都是正式的检查方式，除此之外，管理者还要善用非正式的检查形式。

（3）非正式检查

区别于定期汇报和里程碑检查，非正式检查是针对没有那么重要但需要你经常关心的项目。非正式检查适用于工作复杂度并不高，员工熟练度也没有那么高的情况。

你可以怎么去做呢？刚上班的时候，大家还没有正式开始一天的工作，或者

167

午餐和晚餐的时候，你可以在大家聊天时随口提问有关工作的情况，这就是走动式的非正式检查。

虽然是非正式检查，可是作为管理者，你的大脑当中必须要有一本账，知道哪些员工需要去跟进，以及哪些员工不需要跟进。

3. 过程风险管理

管理管的就是"风险"，过程风险管理是管理者的核心要务。风险管理有以下几种方式：

风险应对工具：让自己有应急计划/B计划，回弹计划/保底方案，权变措施/随机应变。

风险应对策略——负面风险：及时上报、规避法律风险、转移风险、减轻风险破坏的程度。

风险应对策略——正面风险：及时上报、创新开拓、敢于分享、接受挑战。

项目风险分为三种类型：已知－已知（或简称已知）、已知－未知和未知－未知。其中，前面的已知/未知是指风险是否被识别出来，也就是可能发生影响的风险事件是否被认识到；后面的已知/未知是指风险发生的可能性和危害程度是否可以被估计。知道了风险分类以后，管理者要算清风险这本账，也就是风险与资源的关系，关注哪个维度对项目影响大、哪个维度对项目影响小及谁来担责。

风 险 种 类	应 对 措 施	动 用 资 源	成 本 基 准	管 理 责 任
已知	原计划	活动预算	影响	团队成员
已知－未知	应急计划	应急储备	影响	项目经理
未知－未知	权变措施	管理储备	不影响	高层管理者

总而言之，在做项目周期过程管理时，管理者要对项目计划、项目风险未雨绸缪，对项目目标、项目变更锲而不舍，对项目检查、项目纠正防微杜渐，在把握项目范围、项目质量时恰到好处。

【行动地图】

1. 了解组织管理的各个环节，善于梳理各环节之间的关系，使之流转顺畅，提升工作效率。

2. 能够简化和剔除复杂流程，开发可带来收益的复杂流程，充分利用有限的资源，降低流程运转成本。

3. 知道如何用甘特图将任务分拆或组合成有效的项目流程。

4. 用正式或者非正式的形式进行检查。

5. 做管理非常重要的一点是风险管理，经常思考项目的合理性和有效性，提出建议以改善现有流程。

8.2 减法：一决策不定，精准判断

在带领团队完成项目的时候，管理者会遇到大大小小各类决策。什么是决策？决策＝选择，每个人每天都在做选择。我们的成果与表现也是由这些决策累积而成的，因此这些选择是否正确将会影响我们是成功还是失败。如果管理者做出了大量的错误决策，会快速失去团队的信任，没有信任就不会有人再提供更多的信息，缺少信息便会做出更多错误决策，从而进入一个恶性循环。当今很多管理者怕做决策，怕担责与背锅，徘徊在"让子弹飞一会"的过程中，给团队势

能、业务效率带来了减法的效果。那么，管理者想要具备选择（决策）的技术，乃至日后可以凭借经验和理论领悟决策的艺术，这既需要长时间的磨炼及经验，又需要一套系统的流程与方法。

首先，我们要了解管理者在做决策时都有哪些常见的误区。

1. 看见决策陷阱

（1）忽略征兆

管理者应鼓励团队成员密切注意问题和机会出现的征兆；确认哪些是要定期检查的内部、外部信息来源；与同事和外部合作伙伴建立关系，扩大信息网络；不要总是假定一切都很顺利，不需要任何改进；定期向团队成员、主管、同事、外部合作伙伴及客户征询意见和建议。

（2）一言堂

管理者在收集信息和得出结论的过程中没有参考他人的想法和意见，导致结论缺少分析和支持。为了避免这个情况出现，管理者应从一开始就明确基本前提：要共同参与，不要闭门造车。

管理者可询问以下问题，思考邀请谁参与决策：

——谁能帮助我进行深入分析且得出合理结论？

——针对我的偏见和盲点，谁能提醒我？

——我需要谁的承诺或支持来采取行动？

至少，管理者在采取行动前应与主管或信任的同事交流自己的结论。

（3）决策过快

管理者有时会在未对事情做深入分析，也没有明确最终期望的情况下，就草率做出决定。在团队中分析问题和机会时，管理者可明确基本规则：结论应紧扣外在事实。在进行决策时，管理者应将结论建立在对所搜集数据的客观分析上。必要时，管理者还可请一位中间人来负责管理诠释信息的进程。

（4）逃避决策

迟迟不愿做出决策，可能是由于性格的原因或经验不足导致的。管理者需要更积极主动地应对问题和机会，应采取这样一种姿态："只要问题影响我的团队或部门，我就有责任对其采取行动。"作为管理者，如果你不确定是否需要应对一个问题或机会及如何应对，请咨询你的主管或经验丰富的同事。如果问题或机会的影响重大，需要做出比较敏感或困难的决策，请专家和关键利益相关者和你一起分析。

（5）信息过载

信息量过大，或信息与事件的关联性不够，会导致无从下手进行分析。对于复杂的分析，管理者可以使用一些工具，如使用线形图、柱状图、饼图、图表或流程图来显示数据间的关系。管理者可同主管一起确认那些自己应定期检查的内部和外部信息来源。

2. 有效决策的 3 个步骤

（1）搜集信息

管理者可以系统地搜集信息，识别哪些信息是自己需要的，以及从哪里可以获得这些信息。信息的来源包括：

- 专家。
- 供应商。
- 客户。

- 最了解情况的人（例如，一线员工）。

- 实际执行决策的人。

- 内部统计数据（例如，产量、销量、质量报告、客户投诉等）。

- 竞争者的情况。

搜集信息是为了"了解"，而非"证明"。客观地发掘事实真相与搜集信息去证明或强化某个观点是有很大差别的！关键在于，一定要等到把所有信息都收集且分析完毕后再做判断。要尽可能从所有相关的来源搜集信息，包括那些可能会否定你或其他人的初步结论的信息。常犯的错误比如你想买一辆汽车，你的主观意向是买一辆奔驰，于是你会不自觉地去搜索大量奔驰汽车好的信息，从而证明你选择奔驰是对的。实际上这个时候你应该看整个行业各个车的品牌定位，思考什么样的车型更能匹配和满足你的需求，而不是假定自己想买一辆汽车，可能这个汽车是奔驰。

（2）产生创造性方案

在了解大量客观信息后，你要开始发展多元方案。仅有一个解决方案并不够，你的上级也会希望你能够提供不同的选择。当你能够提出多个解决方案时，他人对你的决策能力会更有信心。在制订解决方案时需要开放，欢迎所有的可能性。你可以依靠自己衍生方案，但是依靠团队通常效率更高。

当邀请其他人一起产生备选方案时，你要帮大家发挥出各自不同的观点、专长和创造力。尽可能列出更多的备选方案而不要先急着评价，"头脑风暴"是个有效的方法。只管把所有的点子都先列出来，不要评论，不断问大家："还有什么方法？"

发挥创造性思维的常见方法包括：

1）角色扮演——从不同角度思考，例如从主管、顾客或同事的角度去思考。

2）深入讨论——在这部分"头脑风暴"中，将每一个列出的点子都详细讨论一遍。所有参与者的责任是去扩充或调整这些想法使之变得可行，而不是仅仅局限于最初的构想。

3）思维导图——这是一种将含有多种元素的主题图解的方法，这种方法更能激发大家的发散性思维而非线性思维模式。

破旧才能立新，大多数时候人们倾向于默认既有的、已被认同的想法与模式，即"常规"。为了打破这些常规，你可以请新加入团队或公司的员工发表意见，他们更可能提供非公司主流的想法。多问"如果……会怎样？"的问题，例如：

1）如果你可以考虑任何选择，而非仅仅最被认可或最安全的，会怎样？

2）如果你是在工作环境之外遇到这个问题或机会，会怎样？

3）如果你没有任何资金或授权方面的限制，会怎样？

更多选择让你可以有更多比较的空间，更能够看清每个方案的长短之处，有助于选择最佳方案。真正好的决策是从一堆备选方案中挑出最好的方案。如果没有备选方案，那决策的最终质量可想而知。

（3）精准决策

在企业中资源永远是有限的，管理者需要不断去做资源的重组与配置，为了达到最大化的效率，所以要不断地在取舍之间做出动态的决策。可以参考以下四种常见的方法：

1）效益/代价分析法。用于评估各方案所带来的效益（高/中/低）和所需付出的代价（大/中/小），并根据评估结果将各方案填入九宫格，最后选取相对效益高且代价小的方案。

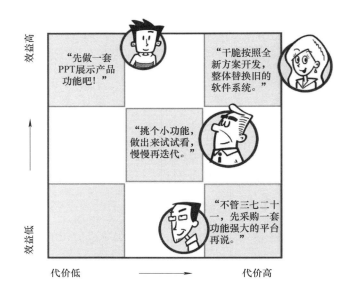

2）权重法：在列出决策必须符合的标准后，评估每个标准对你而言的重要性以及某一方案有效符合每个标准的程度，分别在 1 ～ 10 分间打分。将重要性和有效性评分相乘后得到一个标准分，将所有标准分相加即为该方案的得分。用此方法得到各个候选方案的得分，分高者胜。

例如，决定在哪里建厂，若使用权重法进行决策分析，过程如下表所示。

地　　址	标　　准	重要性 （1 ～ 10分）	有效性 （1 ～ 10分）	分　　数	总　　分
A	费用	6	3	18	73分
	距市中心距离	2	10	20	
	有排污渠	7	5	35	
B	费用	6	2	12	64分
	距市中心距离	2	5	10	
	有排污渠	7	6	42	

根据最终得分，选择得分高的 A 地址建厂，性价比最优。

3）利弊分析法：比较可选方案的优点（利益）和缺点（弊端）。你可以自己为每个可选方案编制一张利弊表，然后选择利益最多、弊端最少的一个方案。为了更客观，也可为每个项目加上评分，以便衡量各条目的重要性。

利 弊 分 析	利　　　益	弊　　　端
方案 A		
方案 B		
方案 C		

4）风险分析法：用于评估你所考虑可选方案的风险，也可用于帮助你想办法避免或降低风险。在评估每个可选方案时，留心可能发生的错误、发生错误的可能性（高 / 中 / 低），以及避免或降低这些风险可以采取的措施，然后根据这些信息，确定哪些方案的风险可接受，以及降低风险的应变措施。

这个方案的回报如何？长期效益是什么？	
选择这个方案可能出现什么问题？（可能性大 / 中 / 小）	
如何预防或降低这些风险？	

精准决策是在对齐目标后进行信息收集与检索，找寻更多客观数据，基于数据做出猜想与假设，带领团队成员一起策划创新方案，最终通过一系列工具做出合理决策的过程。在这个过程中，管理者要与多数人信息协同，最终做出判断并为此担责。

【行动地图】

1. 制定日常管理的决策，包括资源配置、成本分配及指挥业务活动。

2. 妥善考虑既有事实、限制、竞争环境及可能结果，并比较不同来源的信息以找出关键问题。

3. 以重要决策标准来衡量各种可选方案，选择最佳行动方案并全力以赴。

4. 发掘并识别工作体系、流程等问题，通过多渠道收集、分析信息并拟定、汇报解决方案，采取行动处理问题。

5. 即使在信息不完全、时间紧迫和压力很大的时候也能够及时、迅速地做出决策。

8.3 乘法：× 持续创新，解决问题

管理者带领团队开展业务始终是逆水行舟、不进则退的一个过程，竞争对手虎视眈眈，商业环境瞬息万变，消费群体更新换代，"首先你要了解你目前所处的环境，这是一个 VUCA 的世界"。所谓 VUCA，指的是易变性（Volatility）、不确定性（Uncertainty）、复杂性（Complexity）、模糊性（Ambiguity）。面对这样的环境，我们需要重新定义问题。在商业社会中，唯一不变的就是变化。我们要打破"常规"，从项目出发去思考执行，要真正了解项目背后的真实意图，链接公司业务发展，制定未来战略规划，及时发现项目潜在的问题和风险，调整应对策略，成为善于思考和解决问题的创新者；用系统性的方法来反思自己的工作思路，识别创新的机会，找到本团队的关键创新方向和方法，让自己所发动的"创新项目"能够为团队和公司绩效起到乘法作用。

1. 识别组织中的"创新抗体"

在真实的管理场景当中，员工往往会畏惧管理者的权威。当管理者提出了大量的想法、大量的观点时，很少有员工会去挑战或质疑，次数多了，管理者就会自我感觉良好，过度自信，很难再改变自己的观点与想法；抑或是管理者身心俱疲，选择一种安于现状的状态，总觉得一旦创新了、冒头了，风险总是大于收益，因此拒绝创新；大多数时候创新的风险是巨大的，就像投资失败的可能性比成功的可能性还大，所以很多管理者会害怕承担一些风险，万一投资之后回不了本，现有的职级都很难保住；还有些管理者在职场上追求稳妥，希望能够长期保有自己职业经理人的位置，认为在公司可能不做不会错，一旦错了就会影响自己的个人品牌与口碑。鉴于以上四个场景，管理者本身就很可能成为一个阻碍创新的障碍桩。

2. 激发探究

当我们理解了创新不易之后，就要激发探究，了解到底什么场景、什么时机下才需要创新。在商场如战场的商业环境中，管理者需要带领团队反复探索目标与方向，聚焦自己的创新方向，发现第二曲线的增长点，应对商场上的竞争。创新想法无论大与小，总是源于业务需求，重要的是不要忽略基本业务需求或挑战及其与客户的联系。激发创新探究要反复问自己如下问题：

（1）我的客户是谁？

- 谁真正热爱我的产品？谁在抱怨我的产品？

- 我对用户的需求有哪些假设？

- 哪些用户群现在不存在，但是5年后会出现？

（2）我卖给他们的是什么？

- 关于用户的需求，我有哪些"一直坚持"的信念？

- 我的产品有哪些我没有预计到的用途？

（3）我的组织是如何运转的？

- 如果我把行业内的关系，比如合作伙伴和竞争对手重新部署一下，会发生什么？

- 我能卖半成品吗？我能把我现有的元素组装成新产品，卖给潜在用户吗？

- 我们的工作流程倒过来会有什么结果？

（4）目前所处的环境如何？

- 政策法规、经济状况、市场化进程、工作模式等社会环境如何？

- 产品使用环境如何？

（5）自身的产品如何？

- 我们的产品的核心概念是什么？

- 我们的产品的流量分布如何？

- 我们的产品的细节体验如何？

- 我们的产品有哪些优势与不足？

（6）竞争对手是谁？

- 他们做到了什么？为什么这么做？

- 他们的核心理念是什么？他们是如何做到的？

（7）竞争对手的技术水平如何？

- 竞争对手运用了什么新技术提升用户体验，降低运营成本？

- 怎样区分同类细分功能？

（8）市场情况好吗？

- 市场规模有多大？

- 未来发展趋势怎样？

- 市场份额如何划分？

- 我们占的份额比例有多大？

通过以上行业分析维度的问题，找寻到创新的突破点，找到"人无我有，人有我优"的维度，结合自身优势创造性地配置资源。顾名思义，"激发探究"就是多问一些与客户以及他们如何使用产品或服务有关的问题。你提出的问题可能带来创新机会。"激发探究"中的行动并非旨在帮助你改善现有的方法和流程，而是帮助你和你的团队以不同方式思考客户和他们的需求。正如爱因斯坦说的："如果我们沿用提出问题时的思维方式来寻求问题的解决之道，那我们永远也找不到答案。"所以我们要了解该如何运用对客户的认识来转换思维方式并发现创新机会。

3. 谁来创新

从人性的角度来说，人们更喜欢一成不变，在自己的舒适区里做自己熟悉的事情。有创新潜力与特质的人在人群中属于少数，所以识别创新人才很重要。经常有人说选择团队中适合做创新项目的人，要选择眼里有光，心中有一团火的人。可以通过以下三个维度选择与你一起创新的人：

（1）专业技能

• 专业知识扎实、广博，对技术、产品敏感度高。

• 分析问题的能力强，触类旁通，能多角度分析问题。

（2）个性

• 充满好奇与求知欲，自我学习与探索能力强。

• "偏执" 但不盲目，对问题能够深入思考。

• 执着自信，做事情追求极致。

（3）商业意识

• 商业意识强，关注商业价值。

• 具有合作意识，有良好的职业素养。

4. 提出新观点

产生新想法、提出新观点并将其付诸实践就是创新。如果你能提出可升级、独一无二或差异化的解决方案，创造出某种不同于以往且适用于自己和客户的事物，它将帮助你从竞争对手中脱颖而出。创新适用于现有和潜在客户（包括内部和外部）。创新有助于提高公司的业务价值，降低成本和增加收入，从而提高利润。创新是每个人都应承担的职责。

举一个简单的例子：比萨是一种广受世界各地人们喜爱的食物。一家餐饮公司以美食比萨作为主题，围绕比萨进行创新。

1）增加或改变：通过增加一些成分或改变制作方法，你可以做出一道比萨奶昔，让那些钟爱比萨但咀嚼有困难的人也能享用。

2）结合：比如奥利奥巧克力屑比萨。

3）以不同方式食用：早餐比萨、午餐比萨。

4）逆转或重排：很简单，将它对折就变成了比萨饺。

5）删除：不加番茄酱，不加菜，做成白面饼。

集中经典的创新思考维度，可以加入各种主体，通过增加、改变、结合、删除等功能做出衍生延展与创新，满足用户的各类需求。

5. 采取行动

了解了用户需求，确定了创新方案，明确了创新项目团队之后，就要向上影响，争取上级的同意以调取更多的资源。向上汇报可以从以下几个维度描述：

深刻理解公司、上级的战略方向和目标，并思考自己的创新项目。

可以与现有项目进行关联。

针对项目，思考完善的成功路径，并且对风险有所预期。

及时、主动地沟通与汇报进展与问题。

作为团队管理者要勇于持续创新，带领团队突围，重构自己的产品、业务、机制、流程。

【行动地图】

1. 善于捕捉并抓住有利的商业机会。

2. 了解商业、行业以及市场中可揭露商机的最新资讯和信息，能够预见一项创新想法在市场中的发展情况。

3. 对潜在的客户、供应商以及商业合作伙伴提出创新型的合作方式。

4. 对新生事物持开放态度，并能清楚判断其趋势或利弊。轻松建立起各种原本毫不相关的概念之间的联系，提出许多新颖独特的想法。

5. 敢于质疑传统和常识，提议或制定新政策、采取新措施、尝试新方法。

6. 鼓励组织成员提出创新想法和建议，并懂得采用科学的方法择优实施。

7. 能够容忍失败，发展、赞同或支持创新性活动。为了达成商业目标愿意承担一定的风险。

8.4 ▶ 除法：÷ 跟进缺失，绩效辅导

我们发现大量的管理者把目标拆解完成且将任务布置下去，团队成员接受任务且给以反馈后，在验收结果的时候却发现和预想的完全不一样，于是在绩效评价的时候给团队成员打一个差绩效，而团队成员也不知道为什么。管理者的误区是布置完工作仿佛管理动作就完成了，忽略了过程当中的跟踪辅导、阶段性反馈。授权不等于不管不问，长时间地不管不问会使管理者失去与团队之间的信任

关系。因此，在执行任务的过程中，管理者需要阶段性且持续性地进行沟通反馈辅导，从设定可衡量、可评估的绩效目标到绩效辅导，再到绩效评价，建立完整的绩效沟通与反馈的良性循环过程，设定更高的超越自己的绩效目标。

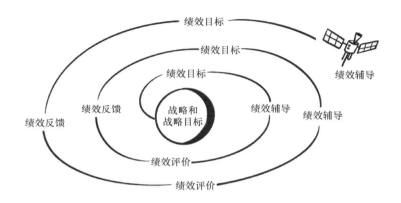

1. 管谁问谁

管理者在做绩效辅导的时候，经常遇到这样一个问题，就是只盯着自己关注的那几个员工，忽视了其他人。人的精力是有限的，大脑会帮我们选择自己认为最重要的事情处理，但是就像踢足球一样，球场上的每个队员都想知道自己的表现，希望教练告诉他们要怎么做。管理者有时候会忽略那些做得好的员工，只盯着表现不好的员工，这个时候很容易打击到那些表现好的员工。对做得好的人，管理者要给予肯定；对做得不好的人，管理者就要告诉他如何才能做好。但是有的管理者会说，平时工作已经够忙的了，哪儿有那么多心思盯着每一个人。的确，在辅导过程中，管理者还是要更多地关注那些需要重点辅导的员工。

管理者可以用下图中这个四象限进行快速的人员划分对于第一象限任务复杂度高，但是员工能力也高的，管理者就保持低关注度，偶尔观察一下员工做得好不好；第二象限任务复杂度高、员工能力低，管理者可以手把手教，进行我做你看、你做我看的示范，投入更多的时间和精力；第三象限任务复杂度低、员工能力低，管理者可以多提出问题，让他思考，自己找到答案，提升员工的成长性与成就感；第四象限任务复杂度低、员工能力高，管理者大可放手让员工去做。

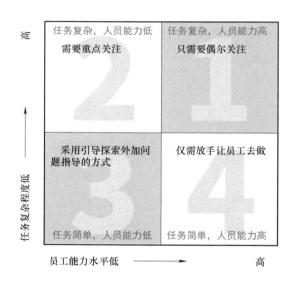

举一个我们都很熟悉的例子：如果你是《西游记》中的唐僧，面对不同的徒弟，你会怎么办？

类　　型	特　　点
沙僧	能力低，但态度比较积极，勤劳肯干，绩效表现为不断进步
猪八戒（早期）	能力一般，意愿明显不足，偷懒耍滑，绩效表现为明显退步
孙悟空（早期）	能力高，足以胜任工作，但意愿不强，应付了事，绩效表现为未尽全力
孙悟空（后期）	能力高，意愿强，态度积极，绩效表现为快速进步

我们可以看出对待像沙僧这样的明显进步者，管理者应该适时给以回馈，提供必要教导与培训，强调期中检查，增加更多任务。

对待像猪八戒（早期）这样的明显退步者，管理者需发掘问题，增加期中审视与回馈，提供更多咨询与教导，注意员工行为，要求其定期与上级沟通，报告进度与计划。

对待像孙悟空（早期）这样的未尽全力者，管理者应尝试了解员工未尽全力的背景和原因，发掘过去成功之处或兴趣所在，尝试调整其工作内容以符合个人需求，随时回馈，鼓励小成就，以非传统方式协助员工解决阶段性问题。

对待像孙悟空（后期）这样的进步神速者，管理者可提供更多的工作及表现机会，适时给予正面鼓励及培训，给予更多授权及承担适当风险，协助制订长期职业生涯规划，增加与上级联系的机会，适时公开肯定成就。

总而言之，管理者需要针对不同员工面对的工作任务的复杂程度及其个人经验、能力、态度，选择不同的辅导方式和辅导周期。

2. 如何辅导

关于辅导的频率次数，管理者可以根据员工的需要，以员工为中心定制化地设计辅导节奏。管理者可以以周、月为单位，或是进行每季度、半年回顾及年底考评等。管理者通过前期准备、开启谈话、过程辅导、感谢认可的流程与团队成员开展辅导对话。这是一种良好的一对一沟通，可与下属聊一下最近的目标进展、工作遇到的困难或收获等。

（1）前期准备，提前梳理并思考

现阶段目标的相关工作，包括目标、进展、困难、思考等。

近期表现是否超出 / 符合 / 不及预期？为什么？

有哪些方面成为下属发展的瓶颈？

你能在哪些方面帮下级保持 / 改善 / 提升？

（2）开启谈话，确保精力聚焦

现阶段你的精力主要集中在哪些目标上？

这些目标是否能够支撑部门 / 上级团队的目标？

现阶段你的目标进展如何？

现阶段在目标执行过程中是否遇到困难？

现阶段目标优先级是否需要调整？为什么？

目标的内容是否需要调整？为什么？

明确指出接下来希望团队成员的产出是什么。

明确指出在工作表现上希望团队成员做到哪些方面。

（3）过程辅导

1）给事例——具体且真实地反馈工作表现。

上周你在 ×××项目的 ×××模块上做得不错 / 你上次使用的 ×××方法非常有效。

我非常欣赏你在 ×××项目上创造的成果，你用 ×××方法解决了 / 突破了项目 ×××部分的阻碍。

2）给引导——具体且真实地反馈工作表现。

你在上次的会议上说得很好，我觉得你是有准备的，并且你确实做得很好，而且你后面结束会议的方式也很明智。

长远来看，如果你能在 ×××方面再调整一下 / 再多做一点 ×××会让你更高效!

3）给支持——明确改进建议，提供资源支持。

你想听听我的建议吗？（然后给出具体、可执行的方法、建议、计划，帮助员工完成目标）

我需要怎么帮助你/提供什么资源支持你？

你的中期/长期职业发展目标是什么？

从现有工作到目标之间的路径是什么？

你的优势是什么？劣势是什么？

你需要什么经验、能力去一步步实现发展目标？如何去获取这些经验和能力？

（4）感谢认可，真诚点赞

是否支撑了公司的目标战略？

是否彰显了公司的价值观？

是否完成了重要项目？

工作产出是否超出预期？

跟之前比是否有进步？

提高认可频率，及时点赞。

在公开会议中认可。

过程当中，管理者也可以准备一个绩效辅导的记录，先回顾一下上次的沟通内容与行动计划，看哪些落实了、哪些还需要帮助，再记录一下本次的过程沟通要点，如下表所示。

目 标 项	任务及目标达成情况详细描述 （本人）	任务完成情况描述 （上级）
任务目标 1	任务： 工作计划：	
任务目标 2	任务： 工作计划：	
组织建设目标 （团队管理者填写）	1．完成团队成员目标规划： 2．按时完成团队成员绩效辅导工作：	
个人年度发展目标	个人职业／能力发展的目标与学习发展 行动计划：	
访谈辅导记录	1．业绩完成情况： 2．建议：	

在整个绩效辅导沟通的过程中还有 5 点需要管理者更加注意：

第一，用数据和事实说话，不做定性判断。前面我们谈到了，要找到根本的原因，不能简单地说"你就是不好""你就懒"，而要指出为什么懒、为什么不愿意做这个工作。

第二，关注情绪。不要只讲不足，要体现尊重与认可，一定要说一说有做得好的地方，人不可能一无是处。

第三，让对方多谈，不要"指手画脚"。让员工自己说出方案，往往他会更愿意执行。

第四，提供相同的视野与信息量，共同找到问题的解决办法。很多时候员工不是能力差，只是没有你了解的信息多而已。

第五，形成下一步的行动计划是关键，但还要形成下一步的动作。

【行动地图】

1. 为下属或组织成员制定清晰、可衡量的工作目标。

2. 提供给组织成员明确的期望和清晰的绩效反馈信息，以可衡量的业绩为主要依据对组织成员进行绩效评价。

3. 主动寻找影响绩效的问题和机会，寻求绩效改进的方法。

4. 运用人际互动技巧和方法来激发并引导他人达成更高的绩效。

5. 关注组织成员的工作状况，留意落后进度或低于指标的表现，督促指导其改善。

6. 辨别导致问题产生的众多可能原因。

第 **9** 章　业务复盘的加减乘除

复盘的独特之处在于有目标可回溯，当初设定的目标足够清晰、可衡量，是复盘的"**加法**"出发点；复盘的主旨是学习，切不可开成批斗会、邀功会，之后就再难有人参与其中，因此鼓励参与复盘的人灵魂拷问自己，特别是管理者要带头刀刃向内进行反思，"**减少**"模糊的、停留在表面的原因分析，管理者需要带领团队运用各种追踪根因的方式找到问题背后的问题；接下来需要提取出做事情的规律与方法，总结的经验与技巧后期可以快速复制起到倍增的"**乘法**"作用；世界上最遥远的距离是从知道到做到的距离，"**除法**"指前面做的所有结果不化为行动就等于都归零了，行胜于言。不管是战略、OKR还是项目，在阶段性执行后，都需要通过复盘落实到新一轮的行动中去，从而实现闭环。

本章 公式

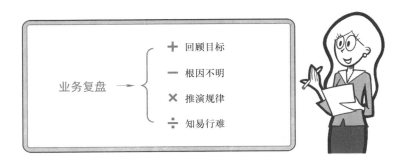

9.1 加法：＋回顾目标，还原事实

复盘是一个瞄准目标，"事"在"人""为"的过程，有人参与到事件/项目当中，发生行为产出结果。团队需要还原事实回到项目执行过程，找到该项

目成功/失败的事件与场景。项目目标是靶心，这就要求当初设定的目标要很清晰，符合SMART原则，所以凡事都要有目标，如此才能够让团队做项目的时候谋定而后动，形成未来的行动方案。目标一定要具体（Specific）、可衡量（Measurable）、可实现（Attainable）、有关联性（Relevant）、有明确的截止期限（Time-based）。常犯的错误是用目标解释目标，用概念去说明概念，而很难看到具体的数据，那在最后对齐目标的时候，管理者也很难去量化对比。

管理者要根据团队的实际情况制订出这次任务"好"的标准是什么，然后与团队成员达成共识，最后按照这个标准判断过程和结果的好坏，并共同设置有助落地的监督机制。大家在达成共识的基础上进行赋能，给团队以方法和行动指南，给成员以行动的理由、修炼的场景、成长的舞台和行动的力量，帮助个人和团队不断提升。

1. 回顾目标

复盘时，管理者要带领团队成员思考最初行动的目标是什么。制定目标时符合SMART原则，回顾时就可以迅速对标可量化的目标或者具有里程碑性质的标志。工作中人经常被事情牵着走，过程中不知不觉就到另一个方向上去了，但原来的方向可能并不是这个，完成的任务不代表就是实现了原来的目标。因此，管理者要养成目标三问：合理吗？分解了吗？达成共识了吗？如下图所示。对齐目标的理想状态是第一象限，全员都达成了共识，这样合理分解给各个团队的目标才是合理目标；第二象限是团队最常犯的错误，目标都拆解完了，但是团队与团队、人与人之间不知道子目标能拼成一张什么样的蓝图，没有共识度；第三象限是既没有团队共识也没有分解的目标，此项目注定会失败；第四象限是目标都达成共识了，但是在分解上没有考虑人的能力与意愿等，这会带来后期的拉锯战。

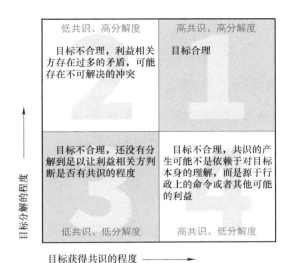

目标的制定和分解就像做数学题。你的团队最终是为什么负责的？如何为用户对象产生价值？答案是一定要和企业的收入、利润、业绩关联起来，与业务经营指标相结合，那么就一定有数学公式可以换算出来，也就是说，目标必须是可量化的，且是可分解的，这样企业经营指标才能够用公式分解，体现业务的底层逻辑。

举两个例子：

例一：目标分解。如果你是足球队教练，给团队设定 2∶0 的目标。这个目标是谁的目标？谁是第一责任人？如果踢了 2∶0，谁获头功？其次功劳是谁的？再其次是谁的功劳？量化地评估每个人对目标的贡献。

例二：目标量化。当时设定的质量目标是什么？

1）××产品今年年底 PSI 达成行业均值水平。

2）××业务综合差评率从 254 ppm 降低至 100 ppm 以内。

3）××部门今年安全合规事件数较上一年降低 50%。

4）集团质量事故达成零目标。

5）流程规范制订时的目标。

下一步就是要上下对齐。在目标的拆解过程中最难的就是达成共识，管理者心中所想如何与团队成员的认知拉齐是要经历漫长的过程与时间，通过共识会、战略研讨会、共创会等形式去反复多次地校准对齐。在开复盘会议的时候，需要把之前的目标呈现出来，这也是复盘与总结的区别所在，复盘比总结更加注重回顾目标这个环节。

2. 还原事实

还原事实这个步骤其实需要耗费很长的时间，一旦事实还原得好，对后面的分析根因可以起到推波助澜的作用，为后续几个流程铺平道路。管理者可对照原来设定的目标，看完成情况如何，寻找铁一般的事实。这里的事实不是某个人的观点、情绪、想法或猜测，而是一手数据、完整信息以及客观评价。

所谓还原事实，是指开始是怎么想的，后来是怎么做的，过程时间线是什么样的，流程是什么，做了哪些决策，依据标准是什么。那么如何还原事实呢？下面提供几种方法。

维度	内容		备注
看过程（计划）	☑ 做了什么	☒ 什么没做	观察行动落实情况：看当时的计划哪些做了，哪些没完成，哪些延迟了
对结果（数据）	◉ 哪些达标	◎ 哪些不理想	和预期KPI/指标值比对：关键指标是否达成预期/超出预期？差异是多少
找问题（错漏不足）找亮点（超预期）	❓ 问题1/对应人 亮点1/事件	❓ 问题2/对应人 亮点2/事件	聚焦失误、错漏、不足：团队在过程中遇到、看到、听到什么困难/不足/障碍 识别过程中的亮点：在过程中遇到的机遇、环境是什么，什么因素支持了超预期达成
寻反馈（关键利益者）	☎ 关键利益者/反馈	☎ 关键利益者/反馈	关键利益者反馈，寻找需求和机会：有哪些关键利益者，如何倾听他们的"真实声音"

如下图详解，第一象限的利益相关人在过程中主要看期待做什么但没做；第四象限的利益相关人看有什么利益获得或者利益损失；第二象限的执行人确保各个节点完成了哪些任务，待完成任务有哪些；第三象限的执行人看结果中的惊喜或者失望、焦虑有哪些。

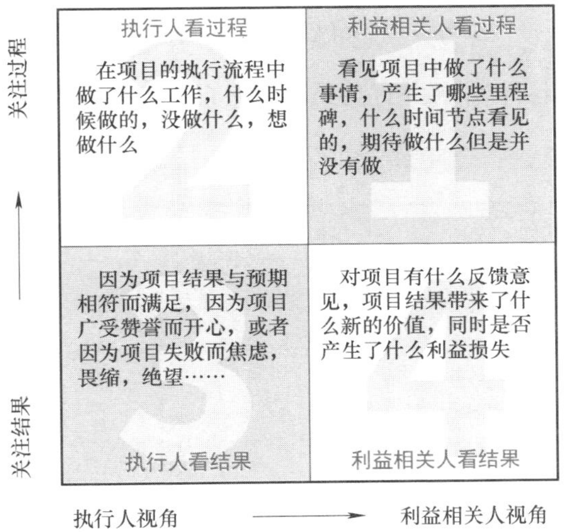

其中看过程的维度可按照产品全生命周期或业务流程，针对各关键节点进行回溯，从准备期开始筹备产品、定义好产品到立项研发，再到投入生产，上市销售，以及持续的运营售后服务与维护，画一条时间线出来，在每个时间点上还原发生了什么、做了什么、决策了什么以及决策依据是什么。

×× 产品的复盘		产品定义	产品立项	产品研发、测试、评审	生产	营销上市	运营售后
还原事实	做了什么，哪些是重要决策？	时间 1 ×××	时间 2 ×××	时间 3 ×××	时间 4 ×××	时间 5 ×××	（这一行可以画出时间轴）
	依据什么（机制、流程、标准、管理）						

3. 发现差距

即便目标设定清晰，事实落实清楚，中间也一定会存在差距。没有完美的业务，也没有完美的团队，更不会有完美的流程。目标与事实之间会存在必然的沟壑，找到差距（正负均可），确定哪些方面需要重点复盘——差距大的位置是复盘的重点。对照目标，逐一评估结果，包含目标、结果、差距、达成情况。

可以从以下维度进行差距评估：

时间节点	目标	结果	差距	达成情况
时间1	新客户开发保底300名	新增新客户350名	超50名，超16.7%	结果＞目标（亮点）
时间2	新客户产生的销售额达3000万元	完成3005万元	达成	结果＝目标
时间3	老客户续约率＞70%	续约率为55%	差15%	结果＜目标（不足）

发现差距，需要我们对照目标评估结果，尽量定量分析，用数据说话，敢说真话、实话、狠话，以实事求是的态度辩证地看待差距的出现。避免两个极端：一好遮百丑，或一无是处。真实地梳理出复盘对象的根本性差距。

【行动地图】

1. 回顾组织的愿景、发展方向以及发展战略，确定目标是否根据上级下达的任务确定的。

2. 衡量回顾目标所需的时间、各阶段的节点和产出，以及人员分配。

3. 详细地回顾实现工作目标以及业务结果的具体手段和方法，罗列出关键的进程和步骤。

4. 坦然地接受变化，既还原成功事件，也还原失败事件，并能从中学习，得到提升。

5. 还原事实时以业务结果达成为主要依据，关注目标实现和结果产出。

9.2 减法：一根因不明，原因剖析

当我们找到差距以后就需要抽丝剥茧，找到根因，围绕聚焦的复盘重点问题，逐一分析主客观原因。超出目标的部分，要侧重成功的客观原因，归功于外；低于目标的结果，要侧重失败的主观原因，刀刃向内。经过了前期的回顾目标、还原事实、发现差距，我们就要顺藤摸瓜探寻原因。如果找到的原因停留在外部不可抗力，或者只是表面的失败分析，不深刻，不刺疼，现状就难以改变。参与复盘的成员很容易陷入"成功都是自己很牛，失败总找客观理由"的盲目中，就很难发现根本原因。正确的复盘与之相反，应该是成功时多看客观原因，失败时多找主观原因，敢于拍砖、扎针、照镜子，对复盘保有敬虔之心。

1. 原因剖析

在找寻原因的过程中，复盘的氛围与文化很重要。管理者需要建立一种安全的环境与氛围，鼓励大家畅所欲言，说真话、实话、狠话。复盘是一次以学习为目的的会议，而不是指责与批评。场域氛围安全之后再开启原因剖析，会有事半功倍的效果。我们工作中的问题有多个维度，如目标不清晰、策略不到位、分工

不明确等。因为团队资源是有限的，人力是有限的，所以要将资源和精力聚焦在结果和目标差距大的问题上。如下图所示，第一象限是从事件的客观原因深入挖掘找到制度问题、公司流程问题，从而向主观原因发掘，只有主观原因才容易人为可控；第二象限是刀刃向内，找到人的问题、意识的问题，主观因素往往是问题的根本原因；第三象限是表面的主观原因，往往是一个问题的分支，需要继续推演到更深入的人性问题上；第四象限是客观的表面原因，例如天气不好、政策不支持，往往只是事件的表象。分析成功事件，要多归因于外部客观支持；分析失败事件，要多刀刃向内挖掘主观因素，找到自己的不足。

（1）方法一："5Why"围绕聚焦的问题

管理者应将结论建立在数据基础之上。往下挖，不停地问"为什么"，直到触及最根本的原因。通过复盘会，管理者应列出问题的所有潜在原因，包括那些并不被怀疑会造成该问题的原因，采用"5Why"（5个为什么）等深层提问的方式，提取项目/事件的关键失败要素，找到失败根因，并共同探讨改进措施，确保此类问题不再发生。

例如：某个为汽车生产小型零部件的工厂近期有大量产品被客户拒收。下表概括了公司负责质量管理的副总裁与生产部门的负责人的一段对话：

为 什 么	原 因
为什么小部件的拒收率这么高？	因为塑料被污染了
为什么塑料被污染了？	因为切割机内有过多的油
为什么切割机内有过多的油？	因为有好几个月没有做清洁，所以堵塞了
为什么这么长时间不做清洁？	因为我们只是在机器损坏的时候才要求服务，而不是以预防为基础
为什么只是在损坏的时候才要求服务？	因为修理员说这样更便宜

通过环环相扣追问，一层一层往下剥，最后一个问题找到人了，但人的问题背后还可能有分工责任问题，以及流程机制、组织设计问题等问题。

（2）方法二：鱼骨图

如下图所示，将待解决的问题放在鱼头位置，鱼翅的位置是分析出来的各个维度的原因，例如战略目标不清晰、内部管理不顺畅、跨团队合作没有达成共识等。通过形象的鱼骨图分类汇总找到主次原因。

2. 原因剖析深入与否的标志

爱因斯坦曾说："我们不能用与问题同一层次的认知来解决该问题。"复盘时需要不断向下纵深提问"为什么"，只有这样才能从表面原因逐步深入到根本原因。那么，什么是原因剖析深入与否的标志呢？

1）是否找到了人的层面的问题，而不是外部不可抗环境。

2）管理者有没有反思自我。无论发生大事件还是小事件，管理者负责的是这个团队，这个项目，因此要勇于担责，做到公开地反思自己，而不是"自己生病团队吃药"。

3）企业的问题维度：企业愿景、使命、价值观是否清晰，知道企业擅长做什么、不做什么，战略方向上是否有坚定的定力。

【行动地图】

1. 审视现行工作流程，找出现状与要求标准之间的差距。注意可用信息的矛盾和不一致。

2. 针对工作现状与标准要求之间的差距，找出无法达到期望目标的主要原因；挖掘现状与结果之间的关联性；由现象中找到原因，并确定主要原因。

3. 识别一组特征、参数、建议以便在分析问题和做决策时将其考虑进去。

4. 通过解构复杂的问题或者任务对每个组成部分进行细致的考虑以解决问题。

5. 决策时，考虑成功的成本、收益、风险、机会；仔细权衡事情的优先度。

6. 辨别导致问题产生的众多可能原因。

9.3　乘法：×　推演规律，总结经验

管理者在此阶段需结合实际，表征事情或活动的过程，对形成的新经验进行分析与观察，由此产生感受和体验，这个过程就是经验的粗加工。然后在观察与反思的基础上，将之前阶段的具体经验进行概括与归纳，形成适用于一般情况的经验法则，具体就是：要让团队成员知道学到了什么，重新认识了什么，完成自我认知的深刻升级，以后遇到此类事件可以举一反三、触类旁通。

总结经验并学习的过程，就是团队通过投身于实际情境中，从中悟出或总结出一些新的东西，然后条理化，以便将其应用到新的问题情节中去，从而达到解决问题的目的的过程。库伯认为，任何学习过程都应该遵循学习圈，学习的过程是一个连续反复的过程。此学习过程中的反思与复盘有着相似的内容。在项目中，我们对于已有的"经验"，按照步骤逻辑进行"反思"，从过程的碎片中整合整个项目信息，进而形成一个自我的学习过程。

在复盘会中，参会者来自该项目／事件的各个环节，具备全面且多元的视角，通过与每一位参会者的真诚探讨，在开放、平等的氛围中让高品质复盘与结论共识自然发生，以便后续行动计划的执行与持续追踪；深挖值得延续的经验和价值点，并进行固化，以便对成功经验进行复制。所谓谋定而后动，谋是指目标、策略、举措、计划，"谋"最核心的修炼是"目的"；所谓的动就是执行，再来一次如何做得更好。复盘可以让我们的规划更精准。

201

1. 推演规律

可以尝试从以下四个维度来推演:

1)结论落脚点是否发生在偶然事件上?当复盘的结论落脚在偶然因素上而非主观因素上,则一定是错误的,不仅无助于问题的解决,反而可能增加更多的矛盾。

2)规律的总结是否举一反三?如何从"这个问题"变为"这类问题/类似问题"?

3)复盘结论是指向人还是指向事?结论如果是单一指向人或者单一指向事则说明复盘没有到位。复盘是要总结客观规律,人是变量因素,指向事的复盘得到规律的可能性更高。

4)是否是经过交叉验证得出的结论?孤证往往不能算数,需要多方交叉验证才能下结论,并共同设置有助落地的监督机制。

2. 总结经验流程

总结经验时可以从遇到的业务问题出发,或者是问题的类型,或者是过程中的痛点,最终推演到规律、话术、新的制度、新的流程SOP、特别的资源。简而言之,总结经验的重点就是道(原则)、法(方法论)、器(制度)、术(工具),大多数问题总结出制度和工具就可以解决。因此在带领团队复盘事件的整个过程中,管理者可以询问大家在哪些地方觉得有困惑,哪些地方还需要额外的资源帮助以及协调。当团队成员找到了问题点及分析点后,需要基于问题点与分析点继续延伸，可以开发一个工具包去解决这类问题，以及明确需要哪些人和资源来解决这个问题，甚至可以总结出口诀、清单、模板等组织经验，当未来再发生这类事情的时候，团队就可以快速地学习过往经验。

【行动地图】

1. 学会抓住任何事物的本质和基本结构。

2. 针对原因提出不同的解决方案；分析不同解决方案的利弊；根据分析的结果，选择最优方案。

3. 能在最短的时间内，判断完成工作任务所需资源的种类和数量，通过全盘思考与协调组织，将其集中起来，统筹安排和调用。

4. 对各种内外部资源进行有效的产出分析，从而找到资源的最佳组合利用方式。

5. 总结规律可以概括为：道（原则）、法（方法论）、器（制度）、术（工具）。

6. 主动与上下级以及其他部门人员协商以取得非管理范畴内可掌控的资源，总结成日后可以复制的行为。

9.4 除法：÷ 知易行难，再来一次

所有的思都是为了行，然而知易行难，如果复盘只留存在文档中，只在给上级的汇报中，那就不能发挥它的价值与意义。将复盘落实于行动，以行动改变业绩，才是本质所在。如果缺乏行动的动力，前面所有的反思都会化为零。

对于初创企业来说，钱少、人少、资源少，所以这类企业的管理者更要尽量"想清楚"，不断复盘"校对目标"，逐渐从"蒙着打"变为"想着打"，再到"瞄着打"。小公司同样需要复盘，只是在形式上可能会更加敏捷，先选准一个切入点，快速行动，然后尽快地进行复盘。从"试错"中学习，复盘后迅速调整。

1. 反思问题

在复盘时，我们可以经常这样问自己：接下来我们该做什么？哪些是我们可直接行动的？哪些是要其他层级处理的？是否要向上呈报？我们从过程中学到了什么新东西？如果有人要进行同样的行动，我会给他什么建议？重来一遍如何有的放矢？这些问题本质上都围绕着一个灵魂问题：如果再来一次，如何做得更好？基本要求是下次不犯同样的错误。复盘主要针对具体事件的讨论，而不是指向人。管理者要打造积极的复盘文化，听别人说、有话直说、实话实说、真诚、多说自己、大家都说。比方法问题更难的是心态问题，我们要避免的是"不好的不说，不揭伤疤"。复盘不是为了追责，而是为了下次做得更好，实现自我创新，超越现有做法。

2. 穷尽行动计划

将反思的成果应用到新的实际情境中，检验反思的成果是否正确，然后将其转化成自己的经验。哪些是有用的？现在应该怎么样？一般可以针对新的场景采用卡片默写方法获得行动计划：先让每个人逐一将自己的反思默写出来，先穷尽，再合并同类观点，激发新观点（不同观点叠加、不同观点取优整合、相反观点之间产生新观点、反转某些观点），然后小组投票形成最终行动决策。

3. 再来一次

要让复盘真正起作用，就必须落实到具体的行动计划，从想法推进到执行，注重后续反馈。团队成员也必须关注自己能控制的事情，而不是超出自己控制范围的外部力量。在再次行动前，列出一张大的行动计划表，明确哪些行为开始做、哪些停止做、哪些继续做，行动时间如何安排，衡量的维度有哪些，可能遇见的风险与挑战有什么。然后可以将这张行动计划表挂起来或者变成系统里的记录，用看板进行管理。

开启思考：

- 开始做……

- 继续做……

- 停止做……

行动计划表							
责任部门：___ 负责人：___ 跟进人：___							
行动（按优先级填写）	具体行动（包含开始、停止、继续）		成果检查			可能面临的问题	需要的资源或协助
	行动时间	行动内容	开始时间	结束时间	衡量成功的标准（指标类的衡量数据或方法）		

定期跟进行动计划的执行情况、复盘经验的沉淀情况、机制是否能有效确保复盘习惯的养成等。复盘后续行动是否落实到位了？如果没落实是什么原因？本次复盘的流程带来了哪些价值？复盘本身流程还有哪些可改进之处？复盘会是否会定期召开、固化？复盘的目的是帮助每位成员上一个台阶思考问题，提升眼界和思考能力，明晰自己的优势与不足，通过个人的成长，促进团队的提升。复盘不是终点，而是一个新的起点。我们之所以复盘上一场仗，是为了打赢下一场仗。

【行动地图】

1. 要做好规划，先总结复盘。从行动计划到规划，任何规划都是以之前工作的复盘为基础的。

2. 多做试验，为了找到解决办法而去做各种尝试。

3. 复盘结果落实到人，对个人知识、技能、行为提出新的要求，并强调快速学习。

4. 确定并停止浪费资源或不能产生价值增量的努力，帮助组织成员调整他们的资源安排模式和工作方式，提高投入产出比。

5. 试行方案再来一次，并收集反馈意见，持续追踪并衡量方案执行的成效，及时调整和修正方案。